T0204843

Danser avec le chaos

Infographie: Chantal Landry
Révision: Brigitte Lépine
Correction: Anne-Marie Théorêt

DISTRIBUTEURS EXCLUSIFS:

Pour le Canada et les États-Unis:
MESSAGERIES ADP*
2315, rue de la Province
Longueuil, Québec J4G 1G4
Téléphone: 450-640-1237
Télécopieur: 450-674-6237
Internet: www.messageries-adp.com
* filiale du Groupe Sogides inc.,
   filiale de Quebecor Media inc.

Pour la France et les autres pays:
INTERFORUM editis
Immeuble Paryseine, 3, allée de la Seine
94854 Ivry CEDEX
Téléphone: 33 (0) 1 49 59 11 56/91
Télécopieur: 33 (0) 1 49 59 11 33
Service commandes France Métropolitaine
Téléphone: 33 (0) 2 38 32 71 00
Télécopieur: 33 (0) 2 38 32 71 28
Internet: www.interforum.fr
Service commandes Export – DOM-TOM
Télécopieur: 33 (0) 2 38 32 78 86
Internet: www.interforum.fr
Courriel: cdes-export@interforum.fr

Pour la Suisse:
INTERFORUM editis SUISSE
Case postale 69 – CH 1701 Fribourg – Suisse
Téléphone: 41 (0) 26 460 80 60
Télécopieur: 41 (0) 26 460 80 68
Internet: www.interforumsuisse.ch
Courriel: office@interforumsuisse.ch
Distributeur: OLF S.A.
ZI. 3, Corminboeuf
Case postale 1061 – CH 1701 Fribourg – Suisse
Commandes:
Téléphone: 41 (0) 26 467 53 33
Télécopieur: 41 (0) 26 467 54 66
Internet: www.olf.ch
Courriel: information@olf.ch

Pour la Belgique et le Luxembourg:
INTERFORUM BENELUX S.A.
Fond Jean-Pàques, 6
B-1348 Louvain-La-Neuve
Téléphone: 32 (0) 10 42 03 20
Télécopieur: 32 (0) 10 41 20 24
Internet: www.interforum.be
Courriel: info@interforum.be

Catalogage avant publication de Bibliothèque et Archives nationales du Québec et Bibliothèque et Archives Canada

Vézina, Jean-François, 1969-

   Danser avec le chaos : accueillez l'inattendu dans votre vie

   Comprend des réf. bibliogr.

   ISBN 978-2-7619-3299-8

   1. Changement (Psychologie). 2. Expectation (Psychologie). I. Titre.

BF637.C4V49 2012   153.8'5   C2011-942840-7

01-12

Dépôt légal: 2012
Bibliothèque et Archives nationales du Québec

ISBN 978-2-7619-3299-8

Gouvernement du Québec – Programme de crédit d'impôt pour l'édition de livres – Gestion SODEC – www.sodec.gouv.qc.ca

L'Éditeur bénéficie du soutien de la Société de développement des entreprises culturelles du Québec pour son programme d'édition.

 Conseil des Arts   Canada Council
du Canada   for the Arts

Nous remercions le Conseil des Arts du Canada de l'aide accordée à notre programme de publication.

Nous reconnaissons l'aide financière du gouvernement du Canada par l'entremise du Fonds du livre du Canada pour nos activités d'édition.

Jean-François Vézina

Danser avec le chaos

Accueillez l'inattendu dans votre vie

LES ÉDITIONS DE L'HOMME
Une compagnie de Quebecor Media

À Flouflou,
inattendrement

Aujourd'hui encore, je n'attends rien
que de ma seule disponibilité,
que de cette soif d'errer à la rencontre de tout.

André Breton

Introduction

Dès la sortie de la mère, la vie amorce sa grande conversation. Au matin des premières vagues, elle commence à
nous bercer, puis nous retourne de tous les côtés jusqu'à notre
dernier souffle. Comme l'étymologie du mot l'indique, une
conversation est une invitation à être « versé avec », telle une
danse. Le mot suggère même que les grandes conversations
peuvent aller jusqu'à la conversion, qui vient de la même racine. Dans cette grande conversation avec la vie, tout ce qui
nous tombera dessus et tout ce qu'on rencontrera en nous et
autour de nous sera une occasion de « lutter contre » ou de
« danser avec », selon la portée de notre langage et de notre
imagination.

Mais alors que l'enfant embrasse cette conversation avec
une totale disponibilité et répond à la vie avec une poésie et un
génie qui nous émerveillent, comment en arrivons-nous à
renoncer à cette poésie et à cette originalité ? Notre poésie,
bien au-delà des mots que nous utilisons pour converser, c'est
notre façon toute personnelle et unique de rencontrer et de
bouger avec la vie telle qu'elle est. Avec l'âge, au lieu de continuer à converser originalement avec ce qui nous entoure et de
rester ouverts à l'inattendu, nous nous réfugions souvent dans
le confort et l'apparente sécurité de la grande salle d'attente du
monde. Cette « salle d'attente » ou « salle des attentes » nous
maintient captifs, avec ses nombreux « magazines » qui s'im-
priment dans l'inconscient et nous poussent à suivre les normes

et la mode. Car depuis l'avènement de l'individualisme, qui nous laisse apparemment libres de tout choisir, c'est en nous-mêmes que nous trouvons les « normes » du collectif. Elles exercent aujourd'hui une pression interne et souvent très sournoise.

On quitte notre originalité et on s'installe ainsi à notre insu dans la « tente des autres », confortable et rassurante comme le ventre d'une mère plutôt que d'en sortir et de faire face au froid de l'incertain et au chaos de nos propres désirs.

Puis, on s'installe aussi dans le confort de l'attente devant nos écrans, dont le message en anglais « *Please wait* » ponctue notre quotidien depuis l'enfance. Et curieusement, bien que nous n'aimions pas attendre, l'un des paradoxes de notre époque est qu'elle nous oblige à attendre énormément de nos technologies. En fait, plus une société va vite, plus elle crée de l'attente. Nous vivons ainsi dans la société de l'attendu ou de « l'attente due », où l'on nous a fait miroiter que de grandes choses allaient arriver grâce aux avancées technologiques. On nous a appris à attendre parfois davantage des machines que des personnes, voire à attendre plus du bonheur que de la vie elle-même.

Jules Renard disait : « Si nous bâtissions la maison du bonheur, la plus grande pièce serait la salle d'attente. » En ce sens, nous sommes souvent prisonniers d'un des dictateurs les plus pernicieux de notre époque : le bonheur. Dans notre conversation avec la vie, certains mots sont comme des politiciens trompeurs qui nous aveuglent de promesses et ne représentent pas toujours ce pour quoi ils ont été élus au départ. Alors que nous cherchons des techniques magiques pour attendre le bonheur, que nous en faisons le but suprême de la vie, il arrive peut-être aussi du côté de l'inattendu. C'est d'ailleurs ce qu'écrit le romancier Jean D'Ormesson : « Tout le bonheur du monde est dans l'inattendu. »

Je crois qu'on ne serait peut-être pas aussi malheureux aujourd'hui si on n'attendait pas tant du bonheur. On ne se sentirait pas aussi seuls aujourd'hui si on n'attendait pas tant de l'amour et on ne serait pas aussi fatigués et désillusionnés si on n'attendait pas tant de notre travail. Nous serions peut-être même plus libres si on n'attendait pas tant de nos machines.

À l'ère des communications numériques, notre langage a perdu beaucoup de sa poésie et de sa souplesse. Il est devenu beaucoup trop étroit pour converser avec la vie telle qu'elle est. Contrairement à ce qu'on m'a fait croire jusqu'ici, quelque chose me dit que vivre, ce n'est pas qu'attendre ou rechercher le confort et le bonheur à tout prix. C'est aussi faire face aux vents contraires, se frotter et se heurter à tout ce qu'on rencontre.

J'ai l'intime conviction que, pour converser avec la vie, il faut étendre notre langage afin d'embrasser tout autant le « bon heur[1] » que le « mal heur », de vivre pleinement la bonne heure comme la mauvaise heure. Car, quoi qu'en disent les tenants de la loi d'attraction, l'univers n'est pas un Wal-Mart. Le « shopping existentiel », ce mode de vie qui consiste à commander et à attendre que l'univers réalise tous nos désirs, et à rejeter ou retourner à la compagnie toute personne ou événement qui ne nous satisfait pas totalement, contribue à appauvrir notre conversation avec la vie et à nous maintenir prisonniers de cette grande salle d'attente.

Tout le génie, toute la poésie de l'inattendu consiste à ne pas interrompre la vie lorsqu'elle s'exprime. Nos plans personnels seront toujours plus étroits que ceux que la vie aura à nous proposer. La vie a infiniment plus d'imagination que nous. Ainsi, au culte du populaire « demandez et vous recevrez », je vous invite à étendre votre langage pour recevoir aussi ce que vous n'avez pas demandé.

---

1. Il est intéressant de noter la similitude entre les mots « heurt », « heurter », et « heur », qui signifie « fortune ».

« Inattendre » dans les trois grandes conversations avec la vie

Le temps est un élément primordial de la vie contemporaine. Tout ce qui nous fait attendre exerce un énorme pouvoir sur nous. Qu'êtes-vous en train d'attendre en ce moment ? À qui ou à quoi donnez-vous ce pouvoir dans votre vie ? Lorsque nous ne vivons que dans l'attente de quelque chose, ou dans la salle d'attente des autres, nous nous coupons des courants naturels de la vie et nous perdons notre liberté. Je vous propose donc de vous arrêter avec moi pour prendre conscience de ces attentes et de ce qui nous empêche de converser librement et poétiquement avec la vie telle qu'elle est.

Pour ce faire, je vous invite à cultiver l'art d'« inattendre » la vie. Inattendre, c'est attendre sans attendre, avec une totale disponibilité, tout ce qui peut arriver. Inattendre, c'est être tendre avec le temps comme lorsque nous vivons pleinement chaque seconde et que toute attente disparaît. Inattendre, c'est attendre comme un enfant, c'est-à-dire être prêt à jouer avec tout. Plutôt que de ne rien attendre, c'est s'attendre à tout. C'est attendre et entendre la vie de l'intérieur, d'où le préfixe latin *in* signifie « dans ». C'est donc entendre la musique dans la vie et danser avec tout ce qui se présentera à nous lors des trois grandes danses, ou conversations, que nous avons à vivre, soit la conversation avec l'autre, la conversation avec notre vocation et, probablement la plus difficile des trois, la conversation avec nous-mêmes.

L'inattendu, ce n'est pas ce qu'on attend, mais ce qui nous attend. C'est ce qui est caché si profondément à l'intérieur qu'on ne peut plus le reconnaître de l'extérieur. Il risque donc de se présenter à nous sous la forme d'un de ces hasards nécessaires, ou sous les traits du trickster, ce génie caché dans l'inattendu.

Le génie dans l'inattendu

Personnage farceur et rusé rencontré dans toutes les mythologies – dont notamment la mythologie grecque, avec Hermès –, le trickster symbolise le renversement de l'ordre établi. À ce titre, il incarne la dynamique de l'ombre dans une conscience unilatérale dominée par la rationalité. Sa survenue dans les rêves, les synchronicités, les lapsus, les actes manqués, voire dans des situations vécues comme chaotiques, signale la libération d'une énergie compensatrice.

Le trickster, c'est le principe du chaos qui nous offre des occasions d'étendre notre conversation avec la vie et de recommencer à jouer avec elle. C'est le joueur et le déjoueur d'attentes par excellence. Tout en étant porteur de synchronicités, il n'est pas là pour faire notre « bonheur » ni pour faire de nous des êtres parfaits, mais plutôt pour nous inviter à être complets, à danser avec notre ombre et nos opposés pour remettre de la vie là où elle s'est arrêtée.

Il émerge dans les événements et les rencontres qui sont véritablement « *in* attendues », c'est-à-dire voilées sous nos attentes conscientes, mais attendues de l'intérieur, au plus profond de notre âme, pour la révéler. Ainsi, en chacun et chacune de nous se cachent des courants de vie et de génie qui cherchent naturellement à sortir de la bouteille de l'inconscient. On ne peut par exemple imaginer la naissance du génie poétique de Rumi sans sa rencontre synchronistique avec Shams, pas plus que le génie poétique de Rimbaud sans sa turbulente rencontre avec Verlaine. De même, le génie de Jung n'aurait sans doute pas pu émerger s'il n'avait rencontré Freud et Sabina Spielrein, qui joua un rôle essentiel mais caché dans sa vie. Nietzsche n'aurait sans doute jamais non plus enfanté son génial *Ainsi parlait Zarathoustra* sans sa relation passionnée avec Lou Andréa Salomé, qui a aussi permis au génie poétique de Rilke de voir le jour.

Dans les relations amoureuses, nous retrouvons le trickster lorsque les attentes des partenaires envers l'autre deviennent rigides, lorsque l'aspect ludique de la relation se perd. Le trickster de l'amour prend alors le visage des personnes qui s'insèrent dans le couple et sèment le chaos dans les relations amoureuses, poussant à la rupture ou à la libération du génie de la relation mis en bouteille dans le confort du quotidien.

Le trickster vient aussi déjouer les attentes souvent idéalisées que l'on peut entretenir face à un travail. Allant à l'encontre de nos désirs de confort et de sécurité, le trickster peut donner un souffle nouveau à notre carrière, nous rappelant que ce qui nous permet de survivre ne nous fait pas nécessairement vivre. Notre capacité de vivre notre passion, qu'elle soit professionnelle ou amoureuse, est toujours proportionnelle au niveau d'incertitude que nous pouvons tolérer.

Nous aborderons aussi dans cet ouvrage les attentes que nous entretenons envers nous-mêmes. Le taux de divorce avec soi-même atteint des sommets records de nos jours. Il faut reconnaître qu'il n'est pas aisé d'épouser les courbes de nos transformations en cette ère de perfection et de grande vitesse. Nous vivons souvent dans le passé ou dans le futur, ou enfermés dans des bulles virtuelles qui n'ont rien à voir avec la vie réelle. Le choc est alors brutal lorsque l'inattendu et son génie nous obligent à modifier notre trajectoire ou à retomber sur le sol de la dure réalité.

Je m'intéresserai aussi aux artistes et à certains personnages publics qui portent la marque du trickster et du provocateur, et qui nous inspirent à sortir de la salle d'attente du monde. En effet, certains artistes de génie provoquent nos attentes, nous permettent d'élargir nos horizons. Grâce à eux, notre conversation avec la vie s'étend. De même, ils poussent leur société à revoir ses frontières et à se réinventer. Car, comme le disait Gilles Vigneault, « les artistes ne doivent pas qu'être divertissants, mais avertissants ».

Le trickster incarne par ailleurs très bien ce que les sciences de la complexité et la théorie du chaos ont découvert: l'ordre émerge à la frontière du chaos. Ainsi, pour que la nouveauté émerge dans notre vie, il est nécessaire de tolérer ce chaos.

L'étymologie du mot « chaos » nous informe d'ailleurs qu'il s'agit d'une ouverture, voire d'un bâillement. Lorsqu'il n'y a plus de vie dans nos vies, que nous sommes pétrifiés dans nos attentes, lorsque notre vie se « referme » ou « s'ennuie », elle a besoin de s'oxygéner et elle le fera notamment grâce au trickster. Cet agent du hasard et du chaos sera porteur de ce nouveau souffle au plan tant individuel que collectif.

La danse d'Hermès

Ce livre a été écrit avec en toile de fond un voyage au Tibet. Certains autres lieux ont aussi ponctué son écriture, qui s'est étendue sur plus de quatre ans. J'ai ainsi passé tellement d'heures dans les salles d'attente des aéroports, ces espaces privilégiés du trickster Hermès, dieu des routes, des voyages et des frontières dans la mythologie grecque qui nous fait prendre conscience de la distance qui nous sépare de nous-mêmes.

À l'opposé du discours dominant, qui prêche le parfait contrôle de sa vie et la tyrannie du bonheur, le trickster offre une bouffée de fraîcheur. Contrant notre désir de perfection, il nous invite à être complets plutôt que parfaits. Et lorsque nous voulons programmer complètement notre vie au quart de tour, il s'amuse à brouiller les cartes et à nous faire tomber. Bref, avec lui, le chaos ne se gère pas, il se danse.

Danser avec le chaos, c'est sortir de la salle d'attente du monde pour entrer dans la grande salle de bal de la vie ; c'est oser se lever pour bouger et converser courageusement avec cette vie qui nous retourne dans tous les sens. Danser, c'est converser avec le déséquilibre ; c'est épouser le grand vertige qui nous fait perpétuellement osciller entre la peur et le désir de tomber ; c'est assumer sa folie et exprimer sa liberté d'exister – de nombreuses danses ont d'ailleurs été créées, à travers le monde, par des peuples opprimés ou esclaves. Or, notre esclavage est aujourd'hui une soumission secrète et silencieuse aux attentes exigeantes des dieux « performance », « progrès » et

« perfection », il est un terreau fertile à l'émergence des retournements chaotiques du trickster.

J'ignore si cet ouvrage est arrivé dans votre vie par hasard ou si vous l'attendiez, mais je souhaite sincèrement que nous puissions nous rencontrer quelque part entre vos attentes et les miennes, dans cet espace devenu si rare et précieux qu'est l'inattendu. Peut-être pourrons-nous y jouer encore comme lorsque nous étions enfants, et que nous savions alors tout naturellement comment inattendre pleinement la vie...

Chapitre 1
Du génie dans l'inattendu

*La vie est à prendre ou à laisser. Celui qui n'aimerait
que le bonheur n'aimerait pas la vie, et s'interdirait
par là d'être heureux. L'erreur est de vouloir trier, comme
aux étalages du réel. La vie n'est pas un supermarché,
dont nous serions les clients.*

Impromptus, COMTE-SPONVILLE

*La vie, c'est ce qui arrive lorsqu'on se préparait
à faire autre chose...*

JOHN LENNON

M on voyage à Lhassa était incertain. Je voulais fêter mes 40 ans au Tibet et y chercher l'inspiration pour écrire ce livre, mais l'accès au pays était souvent laissé aux caprices des douaniers chinois. À la demande de mon ami Robert, de l'agence de voyages Les Routes du monde, j'ai envoyé un millier de dollars à un dénommé Jung au Népal. Je devais attendre patiemment sa confirmation. Je ne saurais qu'une fois rendu à Katmandou si mon voyage sur le toit du monde serait possible. Dans le cas contraire, je perdrais tout mon argent. En plus de porter le nom du célèbre psychiatre, je trouvais amusant que ce guide qui devait m'ouvrir les portes du Tibet soit né le même jour que ma mère.

Je nourrissais beaucoup d'attentes face à ce voyage. Je rêvais du Tibet depuis mon adolescence, époque où je croyais encore que Lobsang Rampa[2] était un vrai moine et où j'idéalisais le goût du thé au beurre de yak. Le détour par l'Inde ne m'attirait pas particulièrement, mais il me donnait plus de chances de me rendre au pays des neiges éternelles. Après une grève des pilotes qui empêcha le décollage de mon avion mais me permit d'obtenir un siège inattendu en première classe sur un autre 747, j'arrivai à l'aéroport de New Delhi en pleine nuit, sous la pluie, à l'automne 2009, en pleine crise de la grippe H1N1.

À l'époque, la chose à ne pas faire dans les files d'attente interminables de l'aéroport le plus bondé du monde, c'était éternuer. Ce geste des plus spontanés était vu comme une menace pour la sécurité nationale, surtout par les douaniers, ces ambassadeurs modernes d'Hermès. À ce moment, les gens se cachaient partout pour éternuer. Pendant que les douaniers indiens me faisaient danser au son de leurs détecteurs de métal, qu'ils me chatouillaient et me retournaient de tous les côtés, je ne pus me retenir d'éternuer plusieurs fois. Ma conversation avec eux s'arrêta alors brusquement. J'étais devenu un « terroriste » et fus mis en quarantaine sur-le-champ dans une salle

---

2. Lobsang Rampa, dont le pseudonyme complet est Tuesday Lobsang Rampa, né Cyril Henry Hoskin, était un écrivain qui prétendait être né au Tibet, où il serait devenu lama (Source : Wikipédia).

d'attente adjacente. Je dus passer une partie de la nuit dans un recoin isolé de l'aéroport, au milieu d'un petit groupe d'inconnus qui éternuaient partout autour de moi – si je n'avais pas encore attrapé la terrible grippe, je me trouvais dans les conditions idéales pour le faire.

Pour me calmer un peu, je méditai sur les aspects symboliques de cette paranoïa mondiale et de l'éternuement. Pour certaines cultures, le fait d'éternuer est associé au passage d'un esprit. Les Grecs le voyaient même comme un acte divinatoire. C'est notamment de là que viendrait l'idée d'offrir ses souhaits à une personne qui éternue, une attention particulière afin de souligner qu'un esprit passe et qu'il peut les réaliser.

L'éternuement est aussi une réminiscence que le vent, ou le souffle, est associé à l'âme. En Écosse, par exemple, la légende dit que, peu après leur naissance, les enfants doivent éternuer au moins trois fois pour se libérer de l'esprit des fées. Il semblerait en outre que les schizophrènes seraient incapables d'éternuer, comme si, symboliquement, un « esprit » était prisonnier en eux.

À l'aéroport de Delhi ce jour-là, c'était au contraire le fait d'éternuer spontanément qui conduisait à la paranoïa et à l'enfermement. Et même si les habitants du pays où je venais d'arriver étaient hautement spirituels, il n'était aucunement question alors de saluer mon âme.

Cette mise en quarantaine coïncidait toutefois parfaitement avec mon entrée dans la quarantaine. J'avais depuis plusieurs années le sentiment d'être en attente, que ma vie professionnelle était en pause. Je me retenais d'exprimer quelque chose de moi comme on se retient d'éternuer pour ne pas déranger.

Je traversais une grande période de vide. Plus rien ne se passait sur le plan professionnel. Alors qu'au début de ma carrière je pouvais rejoindre plusieurs milliers de personnes dans les plus beaux théâtres d'Europe et les plus belles salles de spectacles du Québec, j'avais donné l'une de mes dernières conférences devant à peine sept personnes au sous-sol d'un petit motel à Saguenay, au Québec. Un festival de musique country battait son plein et que résonnaient les pas des danseurs en ligne. J'avais l'impression qu'un club de petits tricksters étaient venus danser au-dessus de ma tête pour me donner une leçon d'humilité.

Pendant que les infirmières m'inspectaient sous le « bruit » répétitif de *Right here waiting for you*[3], de Richard Marx, à la flûte de pan synthétique, apparemment leur seul CD qui tournait en boucle, je réfléchissais sur mes attentes face à ce voyage d'écriture. Qu'est-ce que j'attendais de ce livre ? Et puis pourquoi écrire ? J'ai toujours eu du mal à laisser la vie se « livrer » et l'écriture est toujours pour moi aussi souffrante qu'exigeante. Pourquoi ajouter un bouquin de plus dans les librairies ? Tellement d'ouvrages ne trouvent pas de parents sur les étalages du savoir.

Or, je sentais que quelque chose poussait fortement en moi, que je devais retourner à la question du hasard et de la synchronicité laissée en suspens depuis 2001[4]. J'avais depuis divorcé de la synchronicité et laissé malgré moi ce premier livre un peu comme un orphelin de père. Mais ce que je lisais et que j'entendais sur le sujet était trop simplifié par l'industrie du « shopping existentiel » et cela m'attristait profondément. Je voulais réintroduire de la créativité dans la question du hasard et de l'inattendu, tout en sachant que j'allais exprimer des idées qui risquaient de déranger le « *psychologically correct* ».

Je fus enfin relâché de ma quarantaine – je n'étais pas malade – et m'aventurai avec mon guide dans le chaos de New Delhi. Je ne savais toujours pas si mon voyage au Tibet allait être possible, ni même si j'allais pouvoir mener à terme ce livre auquel je travaillais depuis plusieurs années déjà. Mais j'entrais dans cette nouvelle étape totalement disponible pour accueillir l'inattendu...

---

3. Traduction libre : « Je suis ici pour t'attendre ».
4. Depuis l'écriture de mon livre *Les hasards nécessaires*.

« *In* attendu »

Aimez-vous les surprises ? Comme tout le monde, vous aimez probablement les surprises que vous désirez. Les autres surprises sont habituellement considérées comme des problèmes. Notre rapport au monde est ainsi continuellement influencé par nos attentes, et ce, même lorsque nous attendons de l'imprévu.

Une attente est une façon connue et souvent rigide de répondre à un besoin ou à un désir. Par exemple, nous avons besoin d'être aimés et nous attendons de notre partenaire qu'il le fasse de façon très précise, qu'il nous le dise tous les jours, qu'il aille envie d'aller au cinéma avec nous et qu'il soit toujours disponible pour nous écouter. Dans nos relations amoureuses, nous « attendons » souvent ce que nous connaissons et faisons fi de l'inattendu. Si nous avons eu tendance par le passé à nous sentir rejetés, nous risquons de nous « attendre » à revivre ce sentiment et à discréditer tout comportement n'allant pas en ce sens. Il en sera de même dans notre relation avec nous-mêmes et la vie, où nos attentes limiteront aussi l'espace laissé à l'inattendu.

Nos attentes sont trop étroites par rapport à l'immensité du ciel de nos désirs et nous empêchent bien souvent d'y répondre. Elles nous orientent dans une direction précise, connue et souvent sécurisante, même si celle-ci ne répond[5] pas nécessairement de façon satisfaisante à nos désirs. Rappelons ici au passage que le mot « désirer », si l'on se fie à son étymologie, signifie « poursuivre une étoile ». Une bonne partie de nos désirs réels scintillent en effet timidement dans le firmament de l'inconscient, sous un épais nuage d'attentes.

Comment prendre conscience de nos attentes et de nos désirs ? On fait face à nos attentes lorsqu'elles ne sont pas comblées. Et c'est une chance, car c'est à ce moment-là que la voie s'ouvre vers nos désirs profonds. Il y a donc lieu de laisser du jeu, de libérer un espace – comme lorsque quelque chose, une

---

5. Je préfère dire « répondre » à un désir que « satisfaire » un désir, puisque ce terme implique la dimension de notre conversation ou de notre danse avec nos désirs, qui seront toujours infinis et plus grands que nous.

corde par exemple, est trop serré, entre nos attentes et nos désirs –, de nous ouvrir à de nouveaux chemins pour les explorer. C'est la base pour développer la faculté d'inattendre. D'ailleurs, être disponibles à converser avec l'inattendu nous permet d'étendre notre conversation avec la vie et d'être attentifs à ce qu'elle peut nous dire à travers son apparent chaos.

L'événement inattendu, ce n'est donc pas ce qu'on attend consciemment, mais plutôt ce qui nous attend inconsciemment. L'événement profondément «*in* attendu», tel que je l'entends dans ce livre, est donc le révélateur de l'inconscient, de ses désirs et de ses «enjeux» profonds. L'inattendu montre un désir caché si profondément en soi qu'il doit prendre des chemins improbables pour attirer notre attention, comme la forme d'un événement inouï qui, comme son nom l'indique, est trop invraisemblable pour être attendu et entendu.

Plus nous sommes capables de souplesse dans nos attentes, c'est-à-dire plus nous sommes capables d'inattendre, plus nos désirs essentiels et profonds pourront trouver du jeu pour s'exprimer en nous. Ainsi, toute rencontre, personne ou événement inattendu qui nous bouscule profondément, nous déstabilise, nous fascine ou nous obsède est un indice que quelque chose essaie de se jouer dans l'inconscient. Nous sommes alors invités à «*con* verser» (le préfixe latin *con* signifie «avec»), donc à «verser avec», et à danser dans une nouvelle direction. Cette situation se présente d'une façon toute particulière lors de la rencontre inattendue synchronistique.

Rumi et Shams

Le grand poète Rumi a vécu une rencontre inattendue synchronistique qui l'a mis en relation avec ses désirs profonds. En novembre 1244, Rumi, âgé de près de 40 ans et bien installé avec sa femme et ses enfants, rencontre par hasard Shams, un derviche errant qui l'intrigue et le fascine profondément, au point de tout quitter pour le suivre. Cette rencontre totalement inattendue avec ce mendiant danseur au caractère imprévisible qui prône l'évasion, la transgression des interdits et le non-conformisme le confronte à sa vie confortable et lui ouvre les portes d'une nouvelle vie en libérant son génie poétique. Son « trickster » l'introduit notamment à la Sama, le rituel des derviches tourneurs, ces danseurs qui tournent sur eux-mêmes pendant des heures dans le but d'élever leur esprit. Il dira à ce sujet : « Plusieurs chemins mènent à Dieu, j'ai choisi celui de la danse et de la musique. Dans les cadences de la musique est caché un secret ; si je le révélais, il bouleverserait le monde. »

La rencontre entre ces deux hommes a libéré un génie, une poésie riche et profondément originale qui fait vibrer les gens à travers le monde encore aujourd'hui. Shams a ouvert des portes dans la vie de Rumi, mais comme c'est souvent le cas lors de rencontres synchronistiques, Rumi dut les franchir sans lui. Shams mourut trois ans après leur rencontre, probablement assassiné par des proches de Rumi jaloux de ce que vivaient les deux hommes. Rumi dira notamment de cette rencontre : « Ma vie tient en trois mots : j'étais cru, j'ai été cuit, je suis brûlé. »

La rencontre synchronistique

La synchronicité est un concept général qui traduit la simultanéité de sens entre une ou plusieurs coïncidences. Comme certaines coïncidences sont amusantes, mais anodines, pour mieux observer le phénomène, je préfère restreindre le champ d'exploration de la synchronicité aux rencontres inattendues qui proposent un sens nouveau, une transformation visible, comme ce fut le cas pour Rumi. La rencontre synchronistique peut se faire avec une personne, un objet culturel, un livre ou un film qui transforme quelque chose dans notre vie. Rappelons ici les caractéristiques d'une telle rencontre :

1. C'est une coïncidence entre deux personnes ou une personne et un objet qui sont liés par un nouveau sens. Le mot

« coïncidence » vient du latin *co incidentia,* qui signifie : deux ou plusieurs choses tombant en même temps. Dans une rencontre synchronistique, un symbole extérieur fait écho à quelque chose qui est déjà en soi, voire à quelque chose « d'attendu » au niveau de l'inconscient, au-delà des attentes conscientes. Par exemple, le germe du génie poétique de Rumi trouva écho chez Shams, ce qui favorisa son émergence dans le monde.

2. Bien plus que l'émotion de surprise qui accompagne notre réaction naturelle devant un phénomène inattendu, la rencontre synchronistique provoque de la fascination, ce qui révèle le caractère numineux de l'expérience. Pour Rumi, cette fascination se traduisit en un fort sentiment amoureux et la découverte de sa passion pour la danse et la poésie.

3. Il se produit des coïncidences tous les jours, mais pour qu'il y ait rencontre synchronistique, il doit y avoir une transformation ou un changement de direction. C'est le principe d'émergence spontanée de la synchronicité qui propose une nouvelle voie à l'individu qui la vit. La vie de Rumi a été transformée à jamais par cette rencontre. Il a tout abandonné pour suivre cet homme et créer une poésie, un génie riche et unique, qui transforme encore aujourd'hui la vie de milliers de personnes.

4. La rencontre synchronistique se produit dans les moments d'entre-deux de l'existence, d'où l'association avec le trickster, qui émerge lors des périodes charnières, comme nous le verrons dans le prochain chapitre. Le trickster propose un rendez-vous. Ainsi, Shams a fait office de trickster pour Rumi, alors qu'il avait 40 ans, soit au mi-temps de sa vie.

Nouveaux courants : initier, compenser, souligner

À un carrefour de la vie, la rencontre synchronistique fait émerger quelque chose de nouveau et d'inattendu qui s'avère nécessaire pour vivre pleinement et refaire circuler les énergies engourdies.

La rencontre synchronistique peut aussi offrir une occasion de transformer une attitude rigide et stérile lorsque la vie manque de souffle et d'âme. Elle peut prendre la forme d'une coïncidence avec les paroles d'une chanson, par exemple. C'est ce qui est arrivé à Érick.

Érick avait décidé de mettre fin à ses jours dans sa voiture. Alors que le gaz commençait à entrer et à envahir l'habitacle, il entendit à la radio la chanson Hold Tight to your Dream, *du groupe Electric Light Orchestra. Cette rencontre inattendue avec cette chanson, à ce moment précis, le poussa à reconsidérer son choix et son attitude envers le monde et il décida de redonner une chance à la vie.*

Les rencontres synchronistiques permettent aussi de souligner les passages importants, les moments essentiels. C'est la fonction « marqueur de frontières » – qui est aussi un attribut d'Hermès, comme nous le verrons plus loin – du trickster. Ce fut le cas pour Bérénice, qui m'a envoyé un courriel pour me dire que sa rencontre avec mon premier livre lui a permis de marquer une frontière difficile dans sa vie.

Tout récemment, j'ai perdu subitement mon père. Quelques jours avant son décès, nous avions parlé de votre ouvrage Les hasards nécessaires, *qu'il venait de lire. Cette dernière conversation est forcément très présente en moi, et elle me permet d'avoir la certitude qu'il était prêt pour son dernier voyage.*

C'est donc avec un soin particulier que j'ai attaqué votre livre. J'ai eu l'impression que d'où il se trouve, à travers vous, il me faisait un clin d'œil. En effet, la première femme dont vous parlez se nomme Bérénice, tout comme moi, et tout comme elle, j'ai de longs cheveux roux et un tendre sourire dans la douceur de la tristesse.

Intuition et synchronicité

Que pouvons-nous faire pour créer ou « attirer » une rencontre synchronistique ? Rien, si ce n'est de nous rendre visibles et disponibles à l'inattendu par l'intuition et une saine curiosité devant tout ce qu'on rencontre, à inattendre. Une distinction s'impose entre la rencontre synchronistique et l'intuition. Lorsque vous êtes en train de penser à une personne et que celle-ci vous téléphone, vous faites preuve d'intuition. Vous avez l'intuition de ce qu'il faut attendre. Vous percevez que quelque chose va arriver. L'intuition permet de « voir au-delà d'une courbe », comme le disait Jung. Pour lui, les rêves prémonitoires et la télépathie sont en réalité des intuitions. Ils sont proches du grand principe de synchronicité, mais ils se situent davantage du côté d'une faculté de percevoir les possibles. L'intuition est donc une faculté qui fait partie de ce que j'appelle plus globalement l'inattente.

L'intuition permet de jouer avec le temps, un peu comme on fait avancer ou reculer les images en accéléré avec un lecteur de DVD. Ou encore, pour revenir à la métaphore de la danse, on peut dire que l'intuition permet de sentir les pas à venir avant d'entendre la musique.

Les génies sportifs savent aussi sentir les courants à venir. Je pense ici à Michel Platini, le joueur de football étoile français, un génie de la courbe, qui visait à plusieurs mètres à l'extérieur du filet, mais dont le ballon surprenait tout le monde en se courbant pour toucher la lucarne.

Pensons aussi au joueur vedette de hockey Wayne Gretzky, un génie de la position inattendue, qui n'était presque jamais là où on l'attendait, c'est-à-dire près de la rondelle, mais plutôt là où elle se dirigeait, ce qui lui donnait une longueur d'avance sur les autres joueurs.

Les pêcheurs polynésiens ont eux aussi une intuition naturellement développée : ils arrivent à trouver leur chemin uniquement en observant les fluctuations des courants à la surface de la mer. Cette sensibilité aux messages de la nature est un art qui se perd, malheureusement, à l'heure des GPS. Ceux-ci ne sont d'ailleurs peut-être pas étrangers à la perte de sens à laquelle nous faisons face dans nos sociétés modernes.

L'intuition est donc une faculté qui permet de converser avec le sens des coïncidences, comme les pêcheurs polynésiens retrouvent leurs directions grâce aux courants. Si une personne vous parle d'un livre et que vous tombez ensuite par hasard sur une publicité de ce même livre, votre intuition vous poussera probablement à être curieux, à répondre par un mouvement d'exploration, et vous permettra peut-être de faire des découvertes inattendues.

L'intuition est une faculté qui nous informe d'une transformation possible dans le futur, alors que la rencontre synchronistique est un événement qui marque une bifurcation dans le temps, qui délimite un avant et un après. La rencontre synchronistique indique qu'une transformation est en train de se faire, sur laquelle nous avons peu ou pas de contrôle, si ce n'est de l'accueillir en épousant sa courbe ou en la subissant.

Marie-Louise von Franz relativisait ainsi ce désir que nous avons de contrôler la synchronicité, qui est devenu très populaire aujourd'hui : « Il ne s'agit pas de prétendre programmer le hasard à ton profit, mais de saisir, dans ces coïncidences ou dans toutes ces techniques visant à éclaircir le lien entre l'univers et ton destin, les connaissances qui concordent et t'aident à maîtriser celui-ci. »

La folie dans le génie

Les rencontres inattendues synchronistiques sont porteuses d'une forme de génie naturel, c'est-à-dire de nouveaux courants de vie. Qu'est-ce que le génie ? Comment apparaît-il ? Chez les Grecs, il était associé à une confluence de courants naturels en un lieu et un moment donnés. Un des sens premiers du mot « génie » renvoie d'ailleurs à la beauté naturelle d'un lieu. Les différents jeux de couleur, de lumière et de formes qui entrent en parfaite correspondance, comme on en retrouve à Delphes, sont un bon exemple de génie du lieu. Tous les courants s'accordent et entrent en « correspon-danse » ou en « coïnci-danse », comme dans une synchronicité. Le génie est ainsi lié à la rencontre parfaitement synchronisée entre les différents courants et la personne qui se trouve dans ce lieu ou cet état à ce « moment donné » par la vie. Le génie s'exprime aussi lorsque nous tombons amoureux. Nous avons alors le sentiment que tout conspire, que tout converge dans cette rencontre où tout semble retrouver sa place.

La question qui est donc posée par la synchronicité est celle de notre capacité à être présent à ce génie naturel, à être disponible, à bouger dans le sens de cette confluence de courants plutôt que de chercher à les contrôler. C'est un travail de positionnement dans les courants de vie de façon spontanée, comme le font les enfants.

Le grand poète Baudelaire disait du génie qu'il était « l'enfance retrouvée à volonté ». Entendons ici cette capacité à nous rendre disponibles à cet état de l'enfant qui est encore dans le courant naturel de la vie. Kant disait de son côté que « le génie est la capacité de créer à partir de la source même de la nature, qui inspire et organise les règles de la beauté ».

Le génie a donc peu à voir avec le talent individuel, mais beaucoup avec les rencontres. En tant que force naturelle et spontanée, il n'apparaît donc jamais seul. Il se tient aux carrefours des rencontres et émerge de certaines d'entre elles et d'une confluence de courants. Il sort de l'inconscient comme d'une lampe que l'on frotte. Le frottement est d'ailleurs une condition essentielle à tout acte créateur. Faire l'amour, frotter l'archet sur le violon, le crayon sur le papier, le pinceau sur la toile, taper du pied sur le sol, taper sur un clavier, un piano, ou encore sur un tambour. Le choc de nos rencontres produit des images ou des symboles uniques. Notre art ou notre poésie consiste alors à danser et à jouer toutes les rencontres de nos vies, à les assembler pour former un tout cohérent et à exprimer ce génie et cette poésie.

Chaque rencontre a ainsi son génie propre, sa mélodie unique. Dans la relation avec l'autre, le génie s'exprime par le courant naturel, par la musique qui jaillit spontanément de l'espace de la rencontre et qui sera jouée ou non par les partenaires – elle pourra aussi devenir cacophonie.

Le génie de la vocation, de son côté, se traduit par les courants uniques de nos talents et nous invite à jouer notre partition dans la grande symphonie du monde.

Notre génie poétique personnel est notre capacité à converser avec les courants de vie qui traversent les humains depuis la nuit des temps. Il nous permet de donner un sens même à l'absurde et d'exprimer notre originalité tout au long de notre vie.

Nous sommes souvent tentés de mettre en bouteille ou d'enfermer les courants de vie et le génie qui émergent naturellement de nos rencontres, ce qui peut mener à des troubles psychologiques. L'étymologie du mot « folie » renvoie d'ailleurs soit à un « vent enfermé dans le cerveau », soit à une cabane de feuilles dans laquelle on s'enfermait dans la forêt pour s'isoler.

Ainsi, de façon générale, la folie est un indice d'enfermement ou de rigidité, un refus de suivre les courants naturels de la vie. Lorsque l'âme ne peut pas trouver de voie d'expression, elle s'enferme en silence ou se crée des attentes démesurées, s'enlise dans des obsessions tyranniques. D'où l'importance des fenêtres que sont notamment les mots et le langage pour exprimer cette folie, et des rencontres qui nous aident à l'assumer.

En amour, par exemple, après nous avoir inspirés, il arrive que le génie naturel de la relation se retrouve embouteillé dans le confort du quotidien. Les courants de vie ne circulant et ne se rencontrant plus, une rigidité dans les rôles de chaque individu s'installe. Ils peuvent même mener des vies parallèles. Ils ne jouent plus ensemble. Le génie initial de la relation risque alors de devenir un enfermement, une folie à deux.

Le génie naturel de la vocation peut, lui, se trouver enfermé dans la peur ou un mode rigide de fonctionnement causé par l'épuisement professionnel. La flamme de la lampe du génie vocationnel s'éteint alors ou ne circule plus dans le travail.

Le génie poétique peut, lui, être enfermé dans des mots, des attentes et des croyances trop étroites. La perte de sens survient alors lorsque le langage ne peut plus exprimer la vie et qu'il est devenu trop étroit pour l'embrasser et participer à sa grande conversation.

En résumé, le génie qui émerge de l'inattendu n'est pas là pour réaliser nos désirs ni même pour notre bon plaisir, il est là pour nous garder dans les courants de la vie, tant en amour et au travail que dans l'épanouissement de notre originalité. Nous sommes, chacun et chacune de nous, les chemins par lesquels la vie se joue et s'explore, et ce, sous toutes ses formes, même les plus méconnaissables.

Ces monstres qui nous montrent quelque chose de nous

Est-ce que nos rencontres inattendues sont toujours agréables ? Tout au long de notre conversation avec la vie, nous pouvons envisager les choses ou les dévisager. Si un génie se cache dans l'inattendu créé par les événements ou les gens que l'on rencontre, ceux-ci ont aussi le potentiel d'être « monstrueux ». Certains événements ou certaines rencontres inattendues très négatives peuvent nous mettre en relation avec notre ombre et ce que nous sommes incapables de voir. Le mot « monstre », qui ressemble au mot « montrer », vient d'ailleurs du latin *monstrum*, qui signifie « avertir ». Rencontrer un monstre au plan symbolique, c'est être devant quelque chose qui nous est montré comme un avertissement, mais qui apparaît sous une forme qu'on ne peut pas encore reconnaître.

Notre conversation avec l'incertain est ainsi teintée par ce symbole du monstre. Dans une société qui prône la perfection et la quête d'idéal, il n'est pas rare de nous trouver en présence de « monstres » au plan symbolique. Ils nous montrent notamment nos attentes et les « normes » des choses. Nous avons de plus en plus de mal à admettre l'incertain et à nous « reconnaître », car nous ne ressemblons pas aux normes que la société nous impose, à ses idéaux de perfection, entre autres.

Plus concrètement, toute rencontre inattendue qui active intensément notre émotivité, comme un film qui nous fascine, un collègue de travail que l'on déteste parce qu'il obtient tout ce que l'on désire, un amour impossible qui nous obsède, ou encore l'obsession d'un corps parfait, est susceptible de nous mettre en contact avec notre inconscient et de nous avertir de quelque chose. L'inconscient choisit des situations extérieures pour nous faire voir, souvent sous des formes méconnaissables ou «monstrueuses», son visage. De la même façon, les symptômes d'une maladie qui nous obsède, l'ordinateur qui nous possède, les dépendances, etc., nous montrent l'autre visage de notre idéal de vie et ouvrent une porte dans notre inconscient pour nous permettre d'être plus complets.

La rencontre avec le «monstrueux» nous invite donc à ouvrir notre conversation et à jouer avec les normes et les limites de nos idéaux, à prendre conscience que nos attentes sont devenues trop rigides. En amour, au travail ou en nous-mêmes, nous allons rencontrer ces «monstres» et serons invités à les affronter pour repousser nos limites et en extraire un nouveau courant de vie, un peu comme un héros qui affronte courageusement un dragon et découvre ensuite un feu nouveau ou un trésor inattendu et inespéré.

Le dragon du chaos

Dans le film à succès *Avatar*, de James Cameron, le héros doit monter sur un monstre, une sorte de dragon, pour faire partie du groupe et compléter sa formation. Il demande à sa partenaire: «Comment vais-je faire pour reconnaître mon dragon?» Celle-ci lui répond: «C'est celui qui va essayer de te tuer.»

Le courage du héros vient de sa capacité à voir réellement ce qu'il y a en face de lui et à accepter de «converser» avec lui, au risque d'être renversé. Concrètement, dans votre vie, regardez ce qui vous fait peur, ce que vous évitez, ce qui vous fascine ou vous obsède et vous y trouverez de l'énergie cachée. En amour, quel sujet voulez-vous éviter ? Dans votre emploi, qu'est-ce que vous cherchez à fuir ? Dans votre relation avec vous-même, qu'avez-vous peur de regarder ? La rencontre du monstre ou du dragon symbolise la rencontre avec l'inconnu et l'inattendu. Une fois qu'il est affronté, elle permet d'étendre notre conversation avec le monde et favorise l'émergence d'un nouveau courant de vie plus riche – car les dragons protègent les trésors. Le feu qu'ils portent peut éclairer et inspirer, tout comme le feu de la lampe qui s'allume au génie de l'inattendu peut permettre de voir quelque chose d'essentiel ou brûler[6].

Une autre histoire de dragon illustre bien cela, celle de Jack Kent, *Les dragons ça n'existe pas*. Dans ce conte, les Brindherbes mènent une vie paisible et rien ne vient déranger leur quotidien, jusqu'au jour où le petit Benoît découvre par hasard un dragon dans sa chambre à coucher. Il est minuscule, de la taille d'un chat. Benoît le caresse, joue avec lui, mais quand il essaie de le montrer à sa mère, celle-ci l'ignore totalement. Au dîner, le petit dragon monte même sur la table et mange toutes les crêpes. Benoît le dit à sa mère, mais celle-ci lui répond que les dragons n'existent pas, et ce, même si elle doit vider complètement ses armoires et son réfrigérateur pour réussir à nourrir son fils, qui arrive tout de même à avaler une crêpe.

Le dragon grandit de plus en plus, proportionnellement à l'ignorance de la mère, jusqu'à devenir aussi grand que la maison et à l'emporter avec lui. La mère n'en fait toujours pas de cas. Lorsque Benoît lui dit ce que le dragon a fait, elle lui répond encore que c'est impossible, puisque les dragons n'existent pas.

À la fin de la journée, le père de Benoît se met à chercher sa maison disparue à son retour du travail. Le facteur lui indique la direction qu'a prise le dragon. Benoît explique à son père ce qui s'est passé, que le dragon a emporté la maison. Lorsqu'il retrouve enfin la maison, le père n'a pas le choix de remarquer le dragon. La mère finit aussi par le voir. Le dragon reprend

---

6. Il est intéressant de noter que dans les mythologies asiatiques le dragon est un allié respecté, alors que dans les mythologies occidentales on doit le combattre.

alors sa forme initiale et tout redevient normal dans la maison des Brindherbes.

Il faut noter que, dans ce conte, c'est un enfant qui montre aux parents ce qu'ils ne peuvent pas voir. Ce fait est intéressant, car l'enfant est associé au trickster, qui révèle l'ombre des situations. Dans votre vie, quel dragon ignorez-vous, qui grandit à votre insu jusqu'à emporter complètement votre maison ? Au plan collectif, que refusons-nous de voir, qui grandit à notre insu jusqu'à menacer d'emporter notre maison la Terre ?

Dans un autre film, *Monstres et compagnie,* les monstres doivent faire crier les enfants le plus possible pour capturer leurs cris et ainsi alimenter en énergie leurs villes et leurs voitures. N'est-ce pas là une belle métaphore de notre société qui veut capturer la spontanéité et le génie de l'enfant et de la vie en général afin de l'embouteiller ? C'est aussi un enfant, un petit trickster, qui franchit la porte de l'univers parallèle des monstres et leur montre ce qu'ils ne veulent pas voir et ce qu'ils ont peur d'entendre...

Accueillir l'inattendu

Nous pouvons choisir d'ignorer ou non la réalité. La question est de savoir si la réalité, elle, va nous ignorer. Nous sommes conditionnés à converser avec la vie au moyen d'un langage étroit et avec des attentes qui voilent nos désirs profonds. La vie doit donc se frayer un chemin dans l'inattendu pour s'exprimer et faire entendre son génie naturel, et elle le fait sous les traits de rencontres synchronistiques qui révèlent l'inconscient et ses désirs cachés. Lorsque nous refusons de voir, que nous tournons le dos à cette conversation avec la vie, une figure risque de chercher à nous rencontrer avec plus de force. Qu'on le veuille ou non, nous serons alors confrontés à la danse chaotique mais souvent nécessaire du trickster...

- Quelles ont été les rencontres les plus marquantes de votre vie ?

- Qu'ont-elles transformé dans votre vie ?

- Quelles ont été les intuitions les plus importantes de votre vie ?

- Lesquelles de vos plus grandes peurs se sont transformées en vos plus grandes forces ?

15. Questions pour avancer :

14. Inattendre, c'est être disponible pour jouer et converser avec tout ce que l'on rencontre.

13. Un dragon, c'est symboliquement quelque chose d'important qui nous est montré et qui contient un feu que nous allons devoir affronter.

12. Symboliquement, un monstre, c'est quelque chose qui nous est montré sous une forme qu'on ne peut reconnaître.

11. L'intuition est la faculté de lire les occasions qui s'approchent de nous.

10. Une rencontre synchronistique est un événement qui se produit indépendamment de notre volonté, mais qui peut être enrichi par l'intuition et notre capacité à inattendre la vie.

9. Une rencontre synchronistique peut souligner les passages importants et marquer les frontières de nos vies.

Résumé du chapitre 1

1. Une attente est une façon connue et souvent rigide de chercher la satisfaction.

2. La grande salle d'attente du monde, c'est l'ensemble des attentes et des codes qui nous ont été imposés inconsciemment par les autres.

3. On donne du pouvoir à ce qui nous fait attendre, que ce soit des personnes ou des objets.

4. On prend conscience de nos attentes lorsqu'elles ne sont pas comblées.

5. L'inattendu nous offre une occasion de mettre du jeu entre nos attentes et nos désirs.

6. Une rencontre synchronistique ouvre une porte et laisse entrer de nouveaux·courants de vie.

8. Une rencontre synchronistique peut compenser une attitude rigide envers le monde et avec nous-mêmes.

7. Chaque rencontre synchronistique a un génie, une confluence de courants qui lui est propre.

Chapitre 2
Le trickster, un chaos nécessaire

Je suis capable du meilleur et du pire.
Mais pour le pire, c'est moi le meilleur.

COLUCHE

Il existe un endroit au-delà du bien et du mal,
c'est là que je te rencontrerai.

RUMI

À cheval entre l'Europe et l'Asie, Istanbul est pour moi un lieu intimement lié à Hermès, dieu du commerce, des frontières et des voyages. J'y débarquai à l'automne 2008, en pleine crise financière mondiale. Le charme incomparable de la ville me permit d'oublier l'angoisse qui régnait partout à travers le monde. Sur les rives du Bosphore, en observant défiler les ferrys qui changeaient de continent toutes les heures, et humant l'odeur des kebabs sur les quais, je remarquai par hasard une petite publicité. Elle annonçait un spectacle de derviches tourneurs qui avait lieu dans la salle d'attente de la gare du mythique Orient Express, lieu magique s'il en est un pour vivre un tel événement artistique, issu de la tradition établie par le poète Rumi. Le mouvement des derviches rappelle la toute première danse de l'enfant, qui tourne souvent sur lui-même comme une toupie, jusqu'à en perdre l'équilibre, altérant ainsi volontairement sa conscience pour la première fois.

Cette danse rappelle aussi la condition essentielle de l'existence qui est de tourner. Il n'y a rien qui ne tourne pas dans l'univers. Les électrons, les protons et les neutrons des atomes tournent. De même, l'être humain tourne en compagnie de toute chose, vivante ou non, de la plus petite particule à l'étoile la plus éloignée, suivant une règle et un rythme magnifique. L'être humain tourne avec la Terre, il vient de la terre et y retourne ; son existence continue par le mouvement caché dans les atomes qui forment sa structure. De la même façon, il tourne autour des étoiles que sont ses désirs.

Une scène mémorable du film *Hasards et coïncidences* de Claude Lelouch a été tournée ici. Une séduisante ballerine cherchant à y retrouver son équilibre après la mort de son conjoint et de son fils s'y fait voler tous ses bagages, y compris sa précieuse caméra remplie de photos de ceux-ci. Elle se rendait en Turquie pour admirer la beauté des derviches tourneurs et danser avec eux, la danse lui apparaissant être la seule façon d'apprivoiser son chaos.

En regardant l'affiche annonçant le spectacle des derviches tourneurs, je me suis rappelé cette scène, me disant que notre monde, qui venait de se faire voler des milliards de dollars par des financiers, semblait tourner de moins en moins rond. La décennie s'était ouverte avec la chute des deux tours du commerce mondial et se terminait avec la pire crise financière depuis 1929. Qu'est-ce qui s'exprimait dans ce chaos ? Saurons-nous entendre le message « *in* attendu » et « sous-entendu », et apprendre à converser et à danser avec ce dragon au visage chaotique ?

Un archétype

Mon premier contact avec l'archétype du trickster se fit lors d'un voyage en Suisse, à la fin de mes études, alors que j'avais franchi illégalement le mur délimitant le terrain de l'ancienne maison de Jung, à Küsnacht, sur les rives du lac de Zurich. J'ai aperçu avec surprise l'image d'un petit diablotin sculpté dans la pierre. C'était une représentation de l'archétype du trickster faite par Jung il y a plusieurs années. Cette image m'a marqué. Depuis, cet archétype n'a cessé de me fasciner.

Un archétype est un motif universel qui prend des formes diverses, selon les cultures, et influence les pensées, les émotions et les actions tant personnelles que collectives. Il ne faut toutefois pas le confondre avec un stéréotype, qui est l'image standardisée d'un archétype. L'archétype est toujours associé à une rencontre, que ce soit avec une image, un symbole, une personne ou une situation. Il est alors « décapsulé » et sort de la « bouteille de l'inconscient » comme un génie. Une intense aura émotionnelle entoure cette rencontre.

Parmi tous les archétypes, le trickster représente le chaos et l'inattendu. Il ne se « standardise » aucunement dans des images fixes, et est donc l'un des archétypes les plus difficiles à reconnaître. Vouloir « clarifier » l'archétype est en soi une tentative vaine. De surcroît, écrire sur le trickster, c'est nécessairement s'exposer à son chaos. J'ai d'ailleurs passé des milliers d'heures à écrire, à fuir et à réécrire ce livre, tentant d'organiser quelque peu son chaos.

Selon Jung, l'archétype du trickster est l'un des plus universels. Il est à la base une divinité chaotique à la fois bonne et mauvaise, une sorte de médiateur entre le divin et l'homme. Il passe avec facilité de l'autodérision au sérieux le plus total. Mourir et renaître, voyager dans l'au-delà et conter sont certaines des facultés qu'on lui attribue dans les mythes. Il est indispensable à la société; sans lui, elle serait sans âme.

La figure mythique du trickster, que l'on a parfois appelé «joueur de tours», «décepteur» ou «bouffon divin», a été particulièrement connue à travers les travaux de l'anthropologue américain Paul Radin et des deux célèbres psychanalystes Karl Kerényi et Carl Gustav Jung parus dans les années 1950. Il existe d'autres études, mais les travaux de Radin, principalement à partir des traditions mythologiques des Indiens winnebagos et du coyote, demeurent sans doute les plus inspirants et les plus connus. Tel que je l'ai écrit dans *Les hasards nécessaires*, on le retrouve au Québec sous les traits du diable bon danseur.

Radin voit dans le trickster l'une des figures mythiques les plus répandues (on trouverait des variantes de ce personnage dans des cultures aussi différentes que celles de la Chine, du Japon, de la Grèce antique, du monde sémitique, de la Polynésie, etc.). C'est cependant dans la culture amérindienne que le mythe se rencontrerait sous sa forme la plus ancienne la mieux conservée. Le trickster serait, toujours selon Radin, un vestige d'un passé archaïque datant d'une époque où la démarcation entre l'humain et le divin n'était pas encore tout à fait nette.

Les mythes ne font pas du trickster un «héros parfait», loin de là. Il s'agit en fait d'une figure beaucoup plus complexe. Le trickster est à la fois généreux et mesquin, il détruit autant qu'il construit, il se fait rouler autant qu'il trompe les autres; il agit de manière tout à fait impulsive, sans se référer à aucune valeur morale, et, comme le suggère Jung, «d'une manière totalement inconsciente et irresponsable». Pourtant, étrangement, ses actions, même les plus déconcertantes, finissent par engendrer des valeurs, de la moralité.

Dans notre relation au monde, il représente un élément essentiel: l'acte gratuit. Il agit sans attendre de résultat précis;

de ce fait, il représente bien celui qui « inattend ». Il est étranger au monde de la causalité et est plutôt du côté de l'« acausalité », donc de la synchronicité. C'est ainsi l'archétype qui supporte la rencontre synchronistique. En ce sens, il introduit de la « gratuité » dans le « commerce » avec le monde, et il est particulièrement nécessaire dans une société conditionnée par le calcul, l'utilité et la rentabilité. Il est un principe d'action « sans causes » et s'exprime simplement par plaisir. Il nous invite à être dans le processus, dans le courant de la vie. En général, nous avons toujours un motif qui nous pousse à agir, un agenda qui détermine nos actions. Mais sommes-nous véritablement libres si tout ce que nous faisons doit avoir une raison d'être, une cause, un sens ? Le trickster nous enseigne que le sens peut émerger naturellement du non-sens, qu'un nouvel ordre peut sortir du chaos.

En ce sens, le trickster, par ses actions gratuites dépourvues de toute attente et de tout but, a la spontanéité et la naïveté de l'enfant, qui joue habituellement pour le seul plaisir de jouer et qui est davantage dans le processus que dans le résultat. L'enfant est d'ailleurs une manifestation importante de cet archétype par la figure du fripon divin, abondamment documentée par Jung et Radin. Il est aussi très près des courants de vie qui émergent dans la nature et joue spontanément avec ses possibilités.

Bien qu'il puisse parfois être craint, le trickster n'est pas immoral, mais amoral. Il se situe au-delà de la moralité, il la transcende. Il remet ainsi en liberté, par tous les moyens possibles, le génie naturel de la vie qui a été embouteillé ou enfermé. L'une de ses figures les plus courantes en Occident est le dieu Hermès, ou Mercure, chez les Romains.

Hermès, le trickster

Hermès, fils de Zeus et frère d'Apollon, est l'inventeur de la lyre, le premier instrument de musique. Il serait aussi le premier à avoir chanté et dansé. La mythologie grecque souligne que c'est lui qui apporte la culture dans une société. Le mot grec *hermes* désigne le tas de pierres qui marquait autrefois les frontières des villages et indiquait le chemin à suivre. Les inukshuks des Inuits, qui servent à orienter les voyageurs, sont d'ailleurs des prolongements d'Hermès. En ce sens, il est associé aux messages synchronistiques qui nous guident mais peuvent aussi nous confondre au cours de notre vie, tout comme aux rencontres synchronistiques qui nous font bifurquer à la croisée des chemins.

Les deux premières actions d'Hermès, alors qu'il était enfant, ont été de voler son frère Apollon et de mentir. Lorsqu'il se retrouva devant Zeus, son père, pour s'expliquer, il lui mentit mais d'une façon tellement naïve que Zeus éclata de rire et lui pardonna. Il séduisit ensuite le rigoureux Apollon en lui jouant de la lyre. En retour, Apollon lui donna son célèbre caducée.

Il est, parmi les dieux grecs, le plus proche des hommes et le plus bienveillant à leur égard. Il leur donna l'écriture, la danse, les poids et mesures, la flûte et la lyre, et leur enseigna comment produire une étincelle. Il active aussi en quelque sorte les éclairs de génie.

En résumé, Hermès est le dieu...

- des voyageurs;
- des frontières (il est intéressant de noter qu'aux frontières des pays nous devons révéler notre vraie identité avec notre passeport, comme l'archétype nous fait révéler notre ombre);
- des communications (il n'est d'ailleurs pas étranger au joli chaos qu'on retrouve sur Internet, son espace d'expression privilégié de nos jours);
- du commerce (en son sens premier, le mot « commerce » désigne l'échange qui fait passer les biens des uns aux autres et le transport des objets d'un endroit à un autre. Le mot « marché » viendrait d'ailleurs de « Mercure », qui est le nom romain du dieu Hermès. Chez les Grecs, le commerce se faisait aux frontières des villages – de nos jours,

les boutiques hors taxes aux frontières favorisent aussi le commerce. Malheureusement, le commerce perd souvent de son âme aujourd'hui. C'est pourquoi il est « diabolisé ».) ;

- des voleurs (symboliquement, on peut dire qu'il nous vole notre perception de la réalité pour nous forcer à la voir sous un autre angle) ;
- des pasteurs et de leur troupeau ;
- des orateurs ;
- des prostituées.

Avec Aphrodite, Hermès engendre la divinité bisexuée hermaphrodite. Il est le père des dieux rustiques à la sexualité débridée. Il est d'ailleurs souvent représenté avec le sexe dressé. Au plan symbolique, cela peut signifier qu'il est un agent de la vie, qu'il cherche à propager par n'importe quel moyen. En ce sens, la sexualité est souvent « la » borne kilométrique permettant de délimiter nos frontières sociales, qui sont de moins en moins visibles de nos jours. Les artistes tricksters, comme nous le verrons plus loin, jouent allègrement avec ces frontières.

Hermès, c'est aussi la personnification de l'ingéniosité, de la *metis* (intelligence rusée) et de la chance. Ainsi, toute rencontre imprévue ou accident est appelé « don d'Hermès » et désigne un coup de chance ou encore une sérendipité – c'est-à-dire trouver de façon inattendue ce qu'on ne cherchait pas mais qui s'avère finalement essentiel.

C'est aussi Hermès qui donne la parole aux hommes, par l'intermédiaire de Pandore. Plus précisément, il montre à Pandore comment mentir, notamment par la poésie, qui permet de transformer le monde et de le rendre plus beau. Le langage est, tout comme Hermès, le médiateur entre le monde intérieur et extérieur. Il est à la fois le chemin et l'obstacle par lequel la vie s'exprime ou se limite. Le langage ment et révèle tout à la fois. Par exemple, lorsqu'un poète comme Gilles Vigneault dit que chaque visage est un pays, nous savons bien qu'il ment – personne ne peut prendre l'avion pour entrer dans les yeux de l'être aimé –, mais ce mensonge en dit plus long sur le sens de l'identité qu'une explication.

Le trickster dans la vie de tous les jours

Le trickster peut prendre une variété de formes. Il se retrouve essentiellement dans les personnes ou les événements inattendus qui ont le pouvoir de retourner les choses, de mettre du chaos et de la vie dans la routine de nos attentes. On retrouve son énergie particulièrement aux frontières de nos projets. Dans mon cas, je l'ai souvent rencontré lorsqu'il était question d'argent.

Peu avant l'arrivée de mon premier enfant, j'ai voulu augmenter mes revenus. Je me suis donc mis à visualiser un chèque, tel que le propose la loi de l'attraction. J'ai ensuite cherché des signes annonçant l'arrivée de ce chèque.

Quelques semaines plus tard, lorsque je reçus par la poste un chèque de 2000 $ à mon nom, je me suis dit : « Ça y est, la loi d'attraction fonctionne, c'est merveilleux ! »

Tout de même intrigué par la nature de ce chèque, je décidai de téléphoner à son expéditeur, pour qui j'avais donné quelques conférences dans le passé. Je remerciai d'abord la femme qui me répondit, puis lui demandai ce qui me valait cette somme. Elle me confirma que ce chèque m'était bien adressé, mais après avoir vérifié la raison de son envoi, elle me dit, tout énervée : « Monsieur, retournez-nous ce chèque, il s'agit d'une erreur ! » Je renonçai à l'argent et retournai le chèque.

Devant cet événement inattendu, j'aurais pu garder le « secret » et l'argent. Or, l'événement inattendu qui est porté par le génie d'Hermès nous permet de voir comment nous transigeons avec le monde, comment nous faisons commerce avec la vie. Ainsi, plutôt que de me donner ce que je voulais, la vie m'offrait une occasion de regarder de plus près ma relation avec ce que je désirais, dans ce cas-ci, de l'argent.

Hermès, le trickster, ce génie de l'inattendu, n'est pas là pour réaliser nos trois souhaits, comme le génie d'Aladin. Il nous permet plutôt d'ouvrir une porte dans notre inconscient et de prendre conscience de notre relation avec ce que nous désirons, ce qui est infiniment plus riche.

Ainsi, me suis-je demandé, quelle est ma relation avec l'argent ? Est-ce pour moi une possibilité d'agir ou est-ce que le fait de gagner de l'argent éveille en moi un sentiment de culpabilité, comme si je ne le méritais pas ? Collectivement, de quelle façon utilisons-nous l'énergie monétaire ? Quelle valeur attribuons-nous aux différents aspects de la vie ? Quelles parties laissons-nous dans l'ombre ? Ce qui n'est pas reconnu, ce qui est dévalué, ce qui n'est pas « investi », au plan tant psychique que collectif, risque d'éveiller les mouvements chaotiques du trickster autour de ce symbole de transformation qu'est l'argent – c'est ce qui se passe d'ailleurs présentement sur la scène internationale avec la crise financière mondiale.

Feu jaune : attendre ou traverser ?

Les Occidentaux aiment les signes clairs. Ils veulent que les objets leur indiquent précisément ce qu'ils doivent faire. C'est pourquoi ils sont aussi dociles devant leurs écrans, les multiples messages publicitaires et les milliers de conseils qui leur sont promulgués dans les médias – je me demande d'ailleurs si la mode actuelle des livres de recettes n'est pas liée à ce besoin de se sécuriser en suivant des étapes prédéterminées, dans un monde où l'ivresse des possibles domine.

Dans les sociétés orientales, au contraire, les gens se fient beaucoup moins à la signalisation – même dans la circulation, ce qui engendre un joli chaos sur les routes –, mais ils semblent avoir une meilleure signalisation intérieure, une profonde spiritualité. En Occident, la proéminence des signes extérieurs masque le chaos, qui est à l'intérieur ; la spiritualité manque de direction.

À tous les jours, nous entrons symboliquement dans l'espace liminal du trickster lorsque nous nous retrouvons face à un feu jaune. À un carrefour, le feu rouge nous oblige à nous arrêter, le feu vert à passer. Mais que faire lors d'un feu jaune ? Attendre ou traverser ? Le feu jaune est un espace qui nous invite à improviser – traverser ou tourner vers une nouvelle route –, comme tout carrefour de vie.

Une personne à qui je demandais comment elle réagissait devant un feu jaune me répondit : « Plus je suis près du feu, plus je fonce. » Pour moi, c'est une belle métaphore qui s'applique aussi aux carrefours de la vie. Plus nous sommes près de notre « feu », plus nous sommes en mesure de prendre des risques et d'oser quelque chose de nouveau, plus il faut foncer.

Cliquez sur l'inattendu...

À quel point votre vie dépend-elle de vos clics de souris ? Quels ont été les clics les plus déterminants dans votre vie ? Le clic sur une photo de profil qui a bouleversé votre vie amoureuse ? Le clic qui a fait entrer un terrible virus dans votre ordinateur et vous a obligé à tout recommencer ? Le clic qui vous a fait perdre votre identité ? Le clic qui vous a ouvert la porte d'un nouvel emploi ? Chaque fois que vous allumez votre ordinateur, que vous entrez dans l'espace virtuel d'Internet, vous pénétrez dans le lieu d'expression privilégié d'Hermès. Le nom donné au premier système de courriels portait d'ailleurs le nom d'Hermès. Les liens d'Internet avec Hermès le messager, avec ses domaines que sont les routes, le commerce, les communications, les frontières, le jeu, le mensonge, le vol et le sexe sont multiples.

Sur les routes virtuelles, les clins d'œil d'Hermès – aussi appelés sérendipités – sont également très fréquents. Google est d'ailleurs un engin de sérendipités, puisqu'il permet de trouver par hasard ce que l'on ne cherchait pas, qui s'avère souvent plus intéressant que ce que l'on cherchait. Henry Nothhaft a décrit différents types de sérendipités. Parmi ceux-ci, j'en retiens deux qui se prêtent à mon propos :

- La sérendipité éditoriale. C'est le fait de combiner des articles que nous voulons lire (l'actualité du jour) avec des articles inattendus (des portraits, des critiques, des opinions, etc.). Par exemple, lorsque l'on cherche un article sur un sujet précis et que l'on tombe sur quelque chose qui n'a aucun rapport, mais qui nous fait découvrir un nouvel univers encore plus pertinent[7].

- **La sérendipité sociale.** La plupart des choses que nous découvrons aujourd'hui nous ont été recommandées par nos amis sur les réseaux sociaux. Facebook et Twitter sont de grands accélérateurs de sérendipités sociales – on y rencontre aussi de nouvelles personnes qui peuvent s'avérer déterminantes dans nos projets de vie.

Mais il ne faut pas non plus oublier qu'Hermès mêle les pistes autant qu'il guide. L'un des pièges d'Internet est d'ailleurs qu'il est facile de s'y perdre.

Par ailleurs, les pirates informatiques sont aussi de bons exemples de tricksters au plan social. Par leurs actions, ils nous obligent à bouger les frontières de la sécurité et à revoir notre façon de vivre dans cet espace. Je pense ici, entre autres, au groupe Anonymous. Avec leurs visages de clowns anonymes et leurs actions diverses, ses membres dénonciateurs représentent bien l'archétype du trickster.

La vie dépend souvent d'un battement d'ailes de papillon à Pékin, mais elle dépend aussi d'un clic de souris. Même si le fait de cliquer sur un lien peut provoquer de l'anxiété, cela peut mener à de belles sérendipités, à des petits clins d'œil d'Hermès. Il faut écouter son intuition pour cliquer sur des espaces nouveaux et hors de nos sentiers battus. Un clic au hasard peut générer un déclic complet dans l'ensemble de notre vie...

---

7. La nouvelle version de Facebook, avec son *Timeline*, a d'ailleurs mis cet aspect au premier plan en permettant de regarder des films ou d'écouter de la musique en même temps que nos amis en ligne. Elle donne aussi la possibilité de voir les *patterns* de visionnement et d'écoute pendant une certaine période de temps, permettant aux compagnies de répondre efficacement à nos « attentes ».

L'enfant « inter-rieur »

Jung a beaucoup insisté sur le lien entre le trickster et l'enfant. L'enfant est associé au trickster par sa spontanéité et sa vivacité. L'introduction du trickster dans la vie spirituelle ajoute de la profondeur à «l'inter-rieur», l'espace de jeu et de rire nécessaire pour ne pas être écrasé par la vie. L'enfant «inter-rieur» nous permet de rire de tout, de nous amuser avec ce qui nous tombe dessus – c'est l'essence même de l'inattente.

Mais l'enfant, porteur de vie, est aussi porteur de chaos. Les enfants qui crient dans les supermarchés en sont de bons exemples. En écrivant ces lignes, je découvre d'ailleurs dans mon livre de référence sur le trickster, *Trickster Makes this World*, de Lewis Hyde, plusieurs pages barbouillées par ma fille de trois ans. Ce n'est que le premier des petits chaos qui m'attendent...

L'enfant dérange aussi l'équilibre des couples, comme nous le verrons plus loin. Comme tout bon trickster, il révèle nos ombres. Il jette par terre nos désirs de perfection et nous oblige à nous redéfinir et à faire preuve de plus d'humilité. C'est aussi en ce sens qu'il est associé à l'archétype. En vivant dans le chaos et en n'ayant pas de limites, l'enfant nous fait prendre conscience de nos valeurs et de nos limites.

Humour et *humus* : retourner à sa terre d'origine

L'humiliation, du terme *humus* (terre), fait partie des champs d'action privilégiés du trickster. Une expérience d'humiliation est une invitation à «retomber» sur terre. Pour les premiers chrétiens, ce mot signifiait d'ailleurs un retour à la terre d'origine.

Entre les mots «humiliation», «*humus*» et «humour», il n'y a qu'un pas. Le trickster, c'est aussi l'énergie de l'humour, et l'inconscient a d'ailleurs un très bon sens de l'humour. À preuve, les lapsus, les «ironies du sort» ou les «drôles de coïncidences» portent bien sa marque.

Le rire est intimement lié au trickster. Il éclate lorsque nous sommes devant une situation loufoque ou inattendue. Il permet de remettre un peu de souplesse dans une situation tendue ou stérile. Comme le dit si bien Henri Bergson : « Le rire surgit comme une revanche de la vie sur les automatismes qu'elle suscite elle-même. » L'humour permet de déjouer la gravité des choses, de les remettre en perspective.

Kundera écrivait en ce sens que le tragique n'est jamais aussi tragique que lorsqu'il prend le visage de l'humour. Le plus grand humoriste du Québec, Yvon Deschamps, allait dans le même sens lorsqu'il disait : « Ce n'est pas parce que c'est drôle qu'on rit. C'est parce qu'on rit que c'est drôle. »

L'humour est, comme le trickster, subversif. Il menace l'ordre établi. Umberto Eco, en bon témoin de son époque, présente d'ailleurs le traité d'Aristote sur la comédie et le rire comme une menace à l'orthodoxie dans son roman *Le nom de la rose*.

Le clown trickster

En 1768, un militaire anglais transgressa les règles de la cavalerie en faisant des cabrioles à cheval autour d'un cercle. Ce fut la naissance du cirque, domaine où le trickster est roi. Les premiers cirques s'installaient d'ailleurs à la croisée des chemins, lieu d'expression d'Hermès.

Le bouffon, personnage de théâtre ou bouffon du roi, retourne les situations par l'humour. L'étymologie du mot « bouffon » renvoie au bruit que fait la bouche en soufflant ou en mangeant, d'où les grimaces typiques de ses représentants, comme le grossissement des joues. Par ailleurs, grossir un détail ou en minimiser son importance constitue justement l'essence de l'humour.

Le bouffon est le représentant direct du trickster dans la société. Chez les Amérindiens, il avait même le pouvoir et le mandat de faire rire celui qui enfreignait les lois et les tabous, permettant aux autres de mieux voir les limites à ne pas franchir.

Patch Adams, le médecin qui utilise l'humour pour traiter ses patients, est un bon exemple de l'archétype du clown. Dans sa foulée, une de mes amies, Florence Vinit, qui fait partie de l'équipe de docteurs clowns de Montréal, a malheureusement dû subir les contrecoups de l'archétype. Elle a souffert, il y a quelques années, alors que nous assistions à un débat de société enflammé autour de la légitimité du financement des clowns en milieu hospitalier dans un contexte de coupes budgétaires. La remise en question de la légitimité financière de son organisation mettait en lumière de façon flagrante l'obsession de la rentabilité dans le domaine des soins, au détriment de la qualité de vie.

Le Joker, un trickster noir

Comme tout archétype, le trickster a aussi son côté obscur. Dans une société qui refoule le chaos, certains tricksters plus sombres et virulents peuvent apparaître au cinéma, comme le Joker du film *Le chevalier noir,* du génial Christopher Nolan.

Le chevalier noir a été voté film le plus important de la première décennie des années 2000 sur le site Internet Movie Database. Pourquoi cette fascination pour ce film des plus sombres montrant un trickster fort troublant, sous les traits du Joker, interprété avec brio par le défunt Heath Ledger ? Ce rôle semble d'ailleurs l'avoir marqué au point d'en mourir ; comme quoi, parfois, un archétype peut arriver à nous posséder totalement.

Comme plusieurs, j'ai été profondément troublé et fasciné par ce personnage. J'enviais sa liberté et, en même temps, je craignais son irrationalité. Constamment sur le bord d'éclater, en pur agent du chaos, le Joker fait fi des attentes. Il est toujours là où on ne l'attend pas, ce qui complique le travail de Batman. Il dit d'ailleurs que la prévisibilité est la faiblesse de Batman.

En tant que maître des frontières, il piège tous les ponts de la ville. En tant qu'archétype des voleurs et du commerce, il vole pour le simple plaisir de voler, sans même garder l'argent. Il brûle ainsi des milliards de dollars devant les yeux ébahis de ses comparses. Ce film, qui parut sur nos écrans de cinéma au même moment que la crise financière, se heurta – « drôle » de coïncidence – à la réalité des milliards de dollars brûlés à la Bourse ces dernières années.

Le Joker ne se fixe pas de buts, c'est pourquoi il est associé au fou – voir ici au sans dessein (qui n'a pas de buts), comme on dit au Québec. Il provoque les gens, particulièrement Batman, avec son rire démentiel et, avec son perpétuel « *Why so serious ?* », leur demande pourquoi ils ont arrêté de jouer.

Le Joker est le joueur par excellence. Lorsqu'il joue, il n'a rien à perdre. Sa seule règle est justement de ne pas avoir de règles. (Il dit d'ailleurs à Batman, lorsque celui-ci lui fait subir un interrogatoire, qu'il « le complète, qu'il est celui qui se situe juste avant la courbe », comme s'il tentait de lui faire comprendre son rôle dans la société.) Il révèle les vérités cachées et dévoile ainsi l'ombre de Batman en le poussant à enlever son masque et en testant sa valeur morale. Il révèle aussi la terrible ombre du procureur de Gotham City, Harvey Dent, qui deviendra l'homme à la double face. Par contre, lorsqu'il devient lui-même prévisible, il se fait prendre à son propre jeu.

Ce film laisse une trace indélébile dans la psyché. En révélant à Batman son ombre, le Joker la met en lumière et l'invite à ne pas lui tourner le dos, mais à engager une courageuse conversation avec elle. Le personnage de Batman, qui a réussi à transcender sa peur des chauves-souris lors d'une chute dans un puits, est l'incarnation d'un des messages intéressants de ce film, qui s'applique tant au plan individuel qu'au plan collectif : les chutes servent à apprendre à se relever.

Dans l'obstacle se cache un chemin

Retenons du trickster qu'il est le principe du chaos qui redonne du jeu à ce qui est devenu trop rigide. Dans les films et les romans, comme dans nos trois grandes conversations avec la vie, le trickster bouleverse le déroulement normal du récit et oblige le héros à changer de route ou à faire preuve de créativité. Son rôle est donc essentiel, car, sans obstacles, il n'y aurait pas d'histoire. Lorsque je mentionnais précédemment que le trickster est le créateur de la culture dans une société, c'est notamment en ce sens qu'il la produit. L'obstacle symbolise l'inattendu qui s'interpose entre une attente et un désir, et nous oblige à mettre du jeu dans le monde parfait et idéal dont nous rêvons. Il nous force donc à développer notre créativité. Ainsi, dans l'obstacle se cache un chemin et ce qui risque de nous faire tomber peut aussi nous apprendre à danser...

- Quelles ont été les grandes crises ou humiliations de votre existence?

- Qu'est-ce que ces événements vous ont permis d'apprendre sur vous et sur la vie?

- Quels clics de souris ou sérendipités ont été les plus déterminants pour vous?

- Quand et comment prenez-vous du temps pour jouer, dans la vie de tous les jours?

7. Questions pour bouger:

- Aux fortes émotions (ils révèlent nos ombres, tant nos peurs que nos désirs) qu'ils font naître en nous.

- Ils émergent par des hasards néces-saires, à travers des coïncidences, autour d'événements chaotiques ou d'ironies du sort.

- Ils nous obligent à transformer quelque chose. Ils remettent de la vie dans les domaines devenus stériles.

- Ils surgissent dans les moments d'entre-deux de nos vies, aux fron-tières, lorsque des transformations sont nécessaires.

- Ils apparaissent particulièrement lorsque l'on a arrêté de jouer avec la vie.

6. Comment reconnaît-on la dynamique du trickster dans les personnes et les événements?

5. Son chaos est nécessaire: à travers l'obstacle, il indique le chemin.

Résumé du chapitre 2

1. Un archétype

- C'est un motif qui influence nos pensées, nos émotions et nos actions sous des formes diverses, et qui se retrouve dans toutes les cultures.

- Le trickster est le principe du chaos dans la nature et la culture.

2. Les attributs principaux du trickster

- L'humour.

- Le jeu.

- La ruse.

- Il met en relation les contraires.

- Il guide autant qu'il mêle les pistes.

- Il est lié au principe d'« acausalité » et de synchronicité.

- Il est au-delà du bien et du mal. Il n'est pas immoral mais amoral.

- Voici certaines représentations récurrentes du trickster dans la mythologie mondiale : le créateur, l'inventeur, le porteur de nouvelle culture, l'opportuniste, le trouble-fête, le voleur, le menteur, l'aventurier, l'obsédé sexuel, le manipulateur, le messager, le transgresseur et le clown.

3. Le dieu Hermès est l'un des représentants les plus connus de l'archétype du trickster

- Le mot grec *hermes* désigne les tas de pierres qui marquaient autrefois les frontières des villages et indiquaient la direction à suivre.

- Le commerce.

- Les voyages.

- Les maladies.

- Les moments de transition.

- Les chocs de vie.

- Le feu de circulation jaune.

- Les sérendipités dans la vie et sur Internet (qui est associé au don d'Hermès).

- Les lapsus, les actes manqués, les synchronicités.

4. Quelques lieux d'expression du trickster dans la vie de tous les jours

Chapitre 3

Danser avec l'autre ; l'inattendu en relation

Grâce à toi, je me recommence.

Jim Corcoran

Nous portons en nous des idées et des sentiments en puissance qui ne passeront de la puissance à l'acte qu'en présence de celui qui les éveille en nous.

Miguel de Unamuno

L'incertitude est l'essence même de l'aventure amoureuse.

Oscar Wilde

Quelques semaines avant de prendre mon vol pour New Delhi, je me retrouvai à Pari, près de Sienne, en Italie, pour y faire la promotion de la version anglaise des *Hasards nécessaires* chez mon éditeur et ami, le physicien David Peat. Une fête était organisée dans ce magnifique village au sommet d'une verte colline toscane pour célébrer l'Halloween.

Je vécus un moment inattendu et fort émouvant à cette occasion. Lors de cette fête tout en musique et en couleurs, ma petite fille, qui avait alors près de trois ans et qui est habituellement plutôt réservée, a dansé pour la première fois avec un petit garçon déguisé pour l'occasion en... dragon.

Quel beau symbole pour représenter tout un monde inconnu qui s'ouvrait devant elle! Je l'observais faire des mouvements spontanés sous les regards amusés de l'assemblée. Je la sentais libre du regard des autres et pleinement vivante. Je me trouvais privilégié d'assister aux tout premiers pas d'une longue danse qui allait se poursuivre dans le temps. Elle venait de poser le pied dans un monde vaste et complexe, beau et terrible à la fois. J'assistais à la première danse de ma fille au pays de l'amour...

L'amour, ce n'est pas quelque chose, c'est quelque part

L'enfant de trois ans commence à peine à prendre conscience de l'espace qu'il y a entre lui et le monde qui l'entoure. Avant cet âge, les autres ne sont que les provinces de ses désirs et des extensions de son royaume. Tout ce qui vient à lui, il a l'illusion de l'avoir créé. Nous persistons d'ailleurs souvent, même devenus adultes, dans ce fantasme d'omnipotence, cultivant la pensée magique et la croyance que le monde obéit à nos moindres désirs. Ce fantasme se retrouve aussi dans l'espace virtuel, qui nous offre une connexion constante, mais qui nous maintient dans l'attente.

Nous avons toute une vie pour apprendre à vivre avec cet espace qui sépare les êtres, et donc à aimer, à nous relier aux autres et au monde tout en respectant leur richesse. La difficulté d'aimer et la perte de sens auxquelles font face plusieurs personnes de nos jours sont peut-être la conséquence du manque d'espace entre les personnes. Comment aimer l'autre s'il n'y a pas d'autre ? Comment danser avec une personne s'il n'y a pas d'espace pour la rencontrer ?

La qualité de nos relations aux autres est donc liée à la qualité de cet espace entre eux et nous – je me suis d'ailleurs amusé à le cartographier dans mon livre *L'aventure amoureuse*. J'ai soutenu dans cet ouvrage que l'amour, ce n'est pas quelque chose, c'est quelque part, et qu'il vient avec son lot d'inattendu et de chaos nécessaires à sa vitalité et à l'émergence de ses trésors cachés.

Jean-Paul Sartre disait : « L'amour, c'est ce qui se passe entre deux personnes qui s'aiment. » Je dirais que c'est aussi ce qui se passe entre deux personnes qui « sèment ». Qu'il soit pour une personne, pour un travail, etc., l'amour est la qualité de la relation établie avec ce qui tentera de vivre, de pousser naturellement entre nous.

Entre deux personnes se cachent des occasions, voire un génie à exprimer. Toute relation a son génie, une confluence de courants qui lui est propre. Toutes nos rencontres sont uniques et ne se répéteront jamais exactement de la même façon. Le professeur, le mentor, l'ami, le partenaire amoureux font notamment émerger ce trésor enfoui, ce petit quelque chose de génial qui n'aurait pu exister sans la rencontre.

N'enfermons-nous pas trop rapidement l'amour dans des attentes ou des formes rigides ? Quelle qualité d'inattendu pouvons-nous offrir à l'autre ? Ne bétonnons-nous pas trop rapidement les routes avec nos attentes et nos certitudes lorsque nous « allons en amour » ? On dit que le temps donné aux autres est précieux. Je crois qu'il est tout aussi précieux de laisser de l'espace à l'autre pour qu'il puisse bouger et danser entre nos préjugés.

Attendre de l'amour

Le couple engendre probablement les attentes les plus élevées et nous expose par le fait même aux déceptions les plus profondes. Comme l'écrit Benjamin Constant: «L'amour est de tous les sentiments le plus égoïste et par conséquent, lorsque blessé, le moins généreux.»

Quand prenons-nous conscience que nous sommes dans la salle d'attente de l'autre? On découvre nos attentes lorsqu'elles ne sont pas comblées. Et l'une des plus grandes attentes envers le couple aujourd'hui est le bonheur. Nous allons bien souvent en amour comme les anciens explorateurs, en quête d'un nouveau monde, attendant que l'autre nous rende heureux. Le mot «rendre» est d'ailleurs lié au rendement. Ainsi, lorsque l'amour n'est plus «rentable», est-il rendu à terme? Pouvons-nous donner de l'amour à quelqu'un indépendamment de son rendement, de sa rentabilité à la bourse du bonheur?

Quelles sont les attentes cachées derrière la totale dévotion à l'autre dans nos voyages en amour? Le missionnaire qui cherchait à convertir l'autochtone était-il dénué d'attentes? En amour, les attentes sont mises à jour de façon particulièrement violente lorsque l'autre n'y «répond» pas parfaitement, ce qui arrivera tôt ou tard, car, comme l'écrit Simone Weil: «La plupart du temps nous n'aimons pas la personne pour ce qu'elle est, avec ses propres désirs, mais nous l'aimons dans l'attente de satisfaire nos propres désirs.»

L'autre n'est donc pas là pour répondre à nos attentes et à nos désirs comme nos parents dans notre enfance. Comment, alors, faire courageusement face à la conversation avec l'inattendu, tant en soi qu'en l'autre, lorsque nous allons en amour? Le célèbre écrivain Gabriel Garcia Marquez, à qui on demandait son secret pour être toujours avec la même femme après toutes ces années, répondit: «Je connais tellement bien ma compagne que je n'ai absolument aucune idée de qui elle est.»

Tomber ensemble

La plupart des gens qui veulent être amoureux, tout comme ceux qui ont peur de danser, d'ailleurs, ne veulent pas prendre le risque de tomber. L'amour doit « bien tomber » pour attirer leur attention et les inviter à sortir du confort. Pour que la vie puisse continuer de jouer avec ses possibles et se reproduire, elle doit parfois faire des coups d'éclat incroyables dignes des plus grands scénarios d'Hollywood. Les coïncidences inattendues et invraisemblables sont souvent nécessaires pour permettre à deux personnes de laisser tomber momentanément leurs barrières et d'aller sur la piste de danse amoureuse. Comme je le mentionnais précédemment, le mot « coïncidence » est intéressant à ce titre – du latin *co incidentia*, qui vient du mot *cadere* (tomber), et qui se rapproche du grec *sum ptoma* (qui tombe ensemble). Lors d'un coup de foudre, deux personnes tombent en « coïncidence amoureuse », et le temps et l'espace semblent disparaître, comme lors d'une synchronicité. C'est ce qui est arrivé à Sandrine.

Lorsque Sandrine, alors âgée de 40 ans, bien barricadée dans sa vie professionnelle et à l'abri de toute blessure amoureuse, composa un faux numéro et tomba par hasard sur un ancien ami qu'elle avait connu plus de 20 ans auparavant, elle fut plutôt « surprise ». Tellement, qu'au lieu de continuer à se défendre, elle fit preuve de curiosité et baissa sa garde pour le rencontrer. Elle est aujourd'hui en relation avec lui depuis plus de 10 ans.

Les histoires de synchronicités amoureuses sont légion, mais si la synchronicité crée une rencontre, c'est aux deux personnes de créer ensuite la relation, de prendre soin du génie unique qui se présente entre eux. Pour ce faire, il peut être enrichissant de revenir aux attentes et symboles initiaux, car c'est souvent ce qui fascine au départ qui façonne le départ de la relation lorsque les attentes ne sont pas comblées.

Les attentes initiales : ce qui fascine au départ...

Toutes les histoires d'amour sont uniques et mettent en mouvement leur propre génie de la relation. Les débuts des histoires d'amour sont contenus en germe dans leurs décors, leur contexte, les objets symboliques qui les ont marqués. Ils contiennent la petite mythologie du couple, qui s'exprimera souvent dans la première chanson, le premier dîner au restaurant, etc.

Dans le film *Notre histoire,* mettant en vedette Bruce Willis et Michelle Pfeiffer, un couple de nouveaux explorateurs, Ben et Cathy arrivent en amour d'une façon très symbolique. Alors qu'ils sont au travail, et que Cathy est très concentrée dans sa tâche d'écriture, Ben se met à lui lancer des trombones pour attirer son attention. Comme elle demeure concentrée sur son travail, il lance une grande poignée de trombones sur sa machine à écrire. Elle se lève alors pour aller chercher un chapeau de type colonial surmonté d'un gyrophare, dont elle se coiffe. Un sourire complice s'ensuit entre les deux. Ils viennent d'entrer dans un nouveau monde.

Ce couple d'opposés se rencontre dans un espace de jeu et d'acceptation. Ben, un artiste un peu désorganisé, est probablement en attente d'une personne qui mettra un peu d'ordre dans sa vie, et surtout qui lui donnera beaucoup d'attention. Cathy, de son côté, est très organisée et attend probablement qu'on mette un peu de folie, de chaos, dans sa vie très rangée. Elle a inconsciemment besoin d'être « dérangée ». Sur le mur de son bureau, une affiche de Wonder Woman la représente bien.

Or, c'est exactement sur cette base que le conflit se présentera plus tard dans leur relation : entre l'ordre et le chaos. Ils passent du lancer du trombone au lancer du blâme. Ben n'est pas toujours responsable, Cathy lui reproche de ne jamais être là pour s'occuper de la maison et lui demande de devenir comme elle. De son côté, Ben reproche à Cathy de ne jamais s'amuser et de ne pas être là pour lui. Ils se font la guerre pour les mêmes raisons qui les ont poussés l'un vers l'autre.

Ainsi, généralement, ce qui fascine chez l'autre au début, ce qui façonne le départ en amour, façonnera aussi le départ de la relation lorsque l'enjeu ne sera pas conscientisé ou les attentes inconscientes non comblées. Le génie initial qui est à l'origine d'une relation se transforme alors en dragon souterrain qui menace à tout moment de la faire sauter.

Le langage de la relation

Prendre soin du génie de la relation, c'est aussi porter attention à son langage particulier et à ses symboles, sans toutefois en abuser et chercher du sens partout. Parfois, casser un verre par accident veut simplement dire casser un verre.

Dans les relations, le langage est fondamental. Il peut enfermer l'autre comme lui permettre de se développer. Quels mots utilisez-vous pour décrire votre conjoint ? Le choix des termes pour désigner l'autre n'est jamais anodin. Lorsque nous sommes bien disposés avec l'autre, nous sommes portés à utiliser des petits mots doux, comme « mon petit lapin » ou « mon petit chaton », qui peuvent se transformer en « maudite vache » ou encore en « gros porc » lorsque les choses se corsent...

Si aimer c'est prendre soin de l'espace entre soi et l'être aimé, il peut être enrichissant de prendre conscience de l'espace qu'il y a aussi entre lui et les mots que nous utilisons pour le décrire. Une personne sera toujours trop riche et complexe pour être décrite par des mots.

En thérapie de couple, je porte beaucoup d'attention à ce qu'il y a entre les mots. C'est très révélateur. Je me souviens d'une jeune femme qui se plaignait de son copain : « Lorsque nous faisons la lessive, c'est toujours moi qui plie », disait-elle. Eh bien dans la vie, c'était aussi son mécanisme d'adaptation principal. Elle se pliait toujours à la volonté de son copain.

La richesse du langage d'une relation ne se limite pas aux mots, puisque ceux-ci ont leurs limites. Le langage d'une relation se compose aussi d'objets, de chansons, de films, de livres qui l'enrichissent. Pour Ben et Cathy, une petite cuillère en plastique venant d'un restaurant chinois où ils étaient allés dans les premiers temps de leur relation avait une valeur symbolique. Lorsqu'ils ont décidé de reprendre leur lien, ils sont justement retournés dans ce restaurant, qui faisait partie de la vie symbolique de leur relation, pour y remettre un peu de jeu, d'espace et d'inattendu. La vie symbolique et poétique est aussi une invitation à étendre notre mythologie amoureuse.

Attendre son âme sœur...

S'il y a un mythe qui ne favorise pas l'inattendu en amour, c'est bien celui de l'âme sœur. Il suggère que quelque part se trouve-rait une personne qui serait «faite» sur mesure pour nous et pourrait donc combler toutes nos attentes en amour. Nous serions par ailleurs en mesure de «commander» cette «âme sœur» de la grande usine de l'univers. Ainsi, lorsqu'une rela-tion se met à mal tourner, nous nous servons de cette excuse pour quitter la personne et retourner sur le marché, nous disant qu'elle n'était pas «la bonne».

Ce mythe entretient, selon moi, les attentes élevées en amour. Certes, il peut être fort utile pour canaliser la peur de l'engagement dans une relation avec l'inattendu en soi et en l'autre, mais il nous limite à ne chercher que ce qui est connu. Installés confortablement dans une file d'attente interminable, nous espérons que la vie nous téléchargera notre âme sœur. Ce mythe permet aussi d'éviter de rencontrer véritablement un autre qui ne soit pas tout à fait de notre «famille psychique».

Nos attentes sont souvent très étroites en amour. On construit notre maison dans notre tête, et lorsque quelqu'un nous rend visite dans le cœur, on n'est pas là pour le recevoir. Pourtant, tôt ou tard, nous allons rencontrer l'altérité, parfaite ou non, dans l'espace amoureux. Inévitablement, nos attentes seront jouées et déjouées par le trickster. Nous le verrons plus en détail dans le prochain chapitre. Rappelons que cet archétype est là pour mettre du jeu dans nos attentes, du mouvement dans notre représentation rigide et idéale de l'amour. Il est là pour nous aider à inattendre l'autre.

Jung disait d'ailleurs au sujet des attentes et particulièrement des attentes en amour : « Savez-vous comment le diable fait pour maintenir les âmes en enfer ? Il les maintient dans l'attente. » Le fait d'avoir des attentes élevées en amour ne nous maintient-il pas, justement, dans l'enfer de l'autre ?

L'âme en amour

La recherche de l'âme sœur révèle une quête bien plus profonde, selon moi : celle de notre propre âme. Comme le disait Platon : « L'âme aussi, si elle veut se reconnaître, devra se regarder dans une âme. » Aller en amour, car il s'agit bien d'un voyage de transformation, c'est partir à la recherche de son âme, en devenir le frère ou la sœur et profiter de toute la part d'inattendu qu'amène le fait de se rendre visible dans l'intimité.

L'âme est un souffle. Elle nous met en mouvement, comme un vent turbulent. Comme le vent, l'âme est invisible et on la perçoit par ce qu'elle percute. C'est ce qui arrive lorsque nous tombons amoureux, notre âme percute celle de l'autre. L'espace amoureux est un espace privilégié pour prendre conscience de son âme et lui permettre de s'exprimer.

Préserver le génie de la relation, c'est être fidèle au souffle, au génie qui est à l'origine de la rencontre et qui sera aussi révélé par les premiers grands chocs et les premières grandes épreuves.

La première grande colère

On prend conscience de nos attentes, en amour, lorsque celles-ci ne sont pas comblées dans la relation. Lorsque l'autre apparaît réellement comme autre et qu'il révèle au grand jour nos attentes de fusion, notamment. Cela se produit d'une façon particulièrement intense lors des premières grandes colères, qui permettent aux conjoints de défusionner et de se rendre compte de leurs différences.

Dans un couple, il y a généralement une personne responsable de l'ordre et l'autre du chaos – même si l'ordre de l'un est souvent le chaos de l'autre. On le voit dans la distribution des tâches ménagères, notamment. Par exemple, si une personne affirme que le papier toilette doit être placé d'une certaine façon, l'autre peut se sentir menacée par cet ordre, qu'elle considère comme chaotique. L'autre vient «jouer» dans l'ordre comme le trickster dans une vie trop rigide.

C'est ce qui est arrivé au couple de Ben et Cathy. Ils sont tous deux devenus le chaos ou le trickster de l'autre lorsque leurs attentes inconscientes n'ont plus été comblées.

On découvre le côté trickster de son partenaire généralement lors de la première grande colère ou de la première grande crise du couple, qui révèle les attentes cachées dans l'ombre et les idéaux. L'autre devient non plus un chemin vers la satisfaction des désirs, mais un obstacle à leur réalisation. C'est alors que la vraie relation commence. Avant, l'autre n'existait pas, il n'était qu'un simple prolongement de notre royaume.

La première colère indique toutefois dans quelle direction aller pour prendre conscience des désirs ou des besoins cachés en dessous des attentes, redonner de l'espace aux conjoints, ou éventuellement les conduire à la séparation. Cathy a pris conscience de l'importance de donner du jeu à sa vie et Ben a pris conscience qu'il devait se responsabiliser davantage plutôt que d'accuser Cathy d'être devenue trop responsable.

En amour, le temps ne se mesure pas en durée, mais en moments

Le temps est aussi un élément fondamental de la relation. Attendre après l'autre est probablement l'une des expériences les plus pénibles. Cette attente a notamment été illustrée à merveille par Roland Barthes avec la « scénographie de l'attente », mise en scène avec brio par Fabrice Luchini dans son spectacle *Le point sur Robert.*

Nous sommes préoccupés par la durée de nos relations, nous nous demandons combien de temps nous devons passer avec l'autre, etc. Dans notre société de performance, nous attendons aussi beaucoup du temps de l'autre, espérant peut-être éviter les nombreuses heures de solitude et de cohabitation avec nous-mêmes.

La relation est une danse avec des rythmes, et des mouvements de rapprochement et d'éloignement qui lui sont propres. Le film *L'étrange histoire de Benjamin Button* est un bon exemple de rares mais riches rencontres avec l'autre étalées sur une longue période.

Ce film aborde la rencontre inattendue entre un homme qui naît vieux et qui rajeunit avec le temps et une danseuse. Au début, la danseuse, trop prise par son travail, n'arrive pas à s'investir avec lui, mais un accident inattendu vient bouleverser sa vie et l'oblige à abandonner sa carrière.

Cet accident permet à leur relation de naître, dans ce que les Grecs appellent le *kairos*, le moment opportun, et de s'épanouir pleinement, jusqu'à ce que leur différence d'âge les sépare.

Ce film nous fait prendre conscience que l'omniprésence de l'être aimé peut nous empêcher de l'apprécier à sa juste valeur. Une relation ne se mesure pas en durée, mais en moments. Même dans les relations les plus harmonieuses, et même si nous sommes longtemps avec une personne, les moments où la rencontre a réellement lieu sont rares. Ces moments où les vies se touchent sont véritablement riches mais échappent en bonne partie à notre contrôle, ce qui permet à la relation de prendre tout son sens et son mystère. C'est lorsque nous prenons conscience qu'il y a peut-être quelque chose de plus dans le temps et l'espace qui nous sépare que l'inattendu peut encore nous étonner.

Kairos : le génie du temps

Le fait de tomber amoureux, tout comme la synchronicité, abolit momentanément les frontières entre deux personnes et leur fait perdre la notion du temps. Rappelez-vous la dernière fois où vous êtes tombé dans cet espace-temps particulier. Les minutes s'étirent à l'infini, tout semble bien tomber au bon moment et au bon endroit, et la conversation n'est jamais ennuyante – d'ailleurs, une bonne conversation fait toujours oublier le temps qui passe.

Le film *Traduction infidèle,* de Sofia Ford Coppola, raconte une grande rencontre entre deux personnes pour qui le temps acquiert cette dimension kairologique. Un homme dans la quarantaine, en transit dans un hôtel de Tokyo, fait la connaissance d'une jeune femme qui ne sait pas encore ce qu'elle va faire de sa vie. La cinéaste arrive à montrer la qualité particulière de leur relation dans ce moment hors du temps, où le génie de la relation est pleinement libre de s'exprimer.

Nous retrouvons une autre rencontre du même type dans le film *Avant l'aube, tout est possible,* alors que deux jeunes voyageurs se rencontrent par hasard dans un train en Europe et décident de passer une nuit à explorer la ville de Vienne, en attendant leur départ le lendemain. Ils décident de vivre cette nuit sans attentes, d'être totalement disponibles à l'inattendu.

Lorsque le génie devient folie à deux

On cherche parfois à faire « fonctionner » une relation à tout prix, voire à la faire « marcher ». Mais si la relation devient un marché, on risque de ne plus danser et d'enfermer son génie. Une cliente m'a déjà dit qu'elle aurait aimé finir ses jours avec son ex. Je lui ai répondu que c'est ce qu'elle a fait, puisqu'elle était morte durant son temps avec lui. Elle était en vie dans la vie et les attentes de l'autre, mais morte dans sa propre vie. Ainsi, au lieu de dire : « Je veux finir mes jours avec toi », je propose que l'on dise : « Je veux commencer tous mes jours avec toi. » Autrement dit : « Je veux garder toujours vivant le génie qui est à la base de la relation. Je ne veux pas l'enfermer dans un confort qui risque de l'étouffer. »

Le génie de la relation devient folie lorsque la relation se transforme en un marché entre les conjoints, ou encore lorsqu'il est embouteillé dans la recherche de la sécurité à tout prix. Préserver le génie de la relation, c'est être à l'écoute du souffle des débuts, de ses rythmes et de ses symboles. Dans une relation vivante, le génie et la folie des partenaires peuvent danser librement main dans la main.

Les relations tombent souvent dans « l'en couplement » obligatoire, comme l'écrit le philosophe Vincent Cespedes, parce que nous privilégions la sécurité. On projette trop souvent toutes nos aspirations, nos rêves, nos désirs, bref notre âme dans une même personne pour la rejeter lorsqu'on se rend compte qu'elle ne peut répondre à tous nos besoins. C'est là la source de nos échecs amoureux, comme l'écrit Pascal Bruckner dans son dernier livre, *Le mariage d'amour a-t-il échoué ?*

La relation amoureuse est un engagement non seulement envers une personne, mais envers le génie particulier de la vie et de la relation avec elle. S'engager pour le meilleur ou pour le pire, c'est s'engager envers la vie qui émerge d'une relation et qui peut s'éteindre à tout moment lorsqu'on lui tourne le dos. Le génie de la relation a ses humeurs et ses caprices, et comme tout être vivant, il ne supporte pas l'enfermement. Et lorsque la relation tombe sous la dictature de la perfection et de la rigidité, le trickster et son chaos ne sont pas loin. Lorsque le génie de la relation commence à s'endormir, ils risquent de se pointer le bout du nez et de nous faire bouger à nos risques et périls...

- Qu'est-ce que tu aimerais que je fasse ou que je dise plus souvent ?

- Qu'est-ce que tu aimerais que je fasse ou que je dise moins souvent ?

11. Questions à poser au partenaire pour rendre la relation et la conversation plus réelles :

- Aimez-vous l'autre pour ce qu'il est ou dans l'attente qu'il satisfasse vos désirs ?

- Êtes-vous réellement curieux des désirs de l'autre ou seulement des désirs de l'autre qui vous concernent ?

10. Questions pour bouger :

- Inattendre en amour, c'est laisser à l'autre de l'espace pour bouger entre nos préjugés.

- Inattendre, c'est donner du jeu à l'amour.

9. Inattendre en amour.

- *Kairos* est le génie du temps.

8. En amour, le temps ne se mesure pas en durée, mais en moments.

- On prend conscience de nos attentes en amour lorsqu'elles ne sont pas comblées. Lorsque l'autre apparaît réellement comme différent de nous et qu'il révèle au grand jour nos attentes de fusion.

7. L'ombre apparaît durant les premières colères.

- Le partenaire qui incarne le chaos devient le trickster de l'autre et porte son ombre.

6. Dans un couple, il y a souvent une personne qui est responsable de l'ordre et l'autre du chaos – l'ordre de l'un est souvent le chaos de l'autre.

Résumé du chapitre 3

1. L'amour, ce n'est pas quelque chose, c'est quelque part.

2. Aimer, c'est prendre soin de l'espace qu'il y a entre nous.

- Nous avons peur d'aimer comme nous avons peur de danser. En fait, nous avons peur de tomber et de perdre le contrôle, mais nous le désirons aussi.

3. « *Con* verser » avec l'autre.

- C'est accepter de « verser avec » l'autre.

4. Les fascinations initiales

- Pour faire tomber nos barrières, les premiers temps de nos relations amoureuses sont souvent ponctués de coïncidences.

- Alors que la synchronicité crée la rencontre, il faut ensuite travailler à créer la relation.

- Ce qui fascine au départ risque de façonner le départ.

- Le génie d'une relation est la confluence naturelle de courants entre deux personnes.

- Entre deux personnes qui tombent amoureuses fleurit un génie unique. Depuis que l'amour existe, il ne s'est jamais exprimé deux fois de la même façon.

- Le génie d'une relation a des endroits, des musiques, des danses et des symboles qui lui sont propres.

- Le génie d'une relation a besoin de folie pour danser.

- Au début de la relation, le génie est reconnu, mais il peut ensuite se transformer en monstre (symboliquement) et ne plus être reconnu.

5. Le génie d'une relation

Chapitre 4

L'arnaque cœur, le trickster de l'amour

Le bonheur à deux, ça dure !
Le temps de compter jusqu'à trois.

SACHA GUITRY

Tu ne me chercherais pas
si tu ne m'avais déjà trouvé.

RUMI

Le film *L'arnacœur*, avec Romain Duris, raconte l'histoire d'un homme qui se fait engager pour défaire des couples, exactement comme le fait un trickster de couple. Il s'agit d'une tierce personne qui vient frapper la relation et invite les conjoints à regarder de plus près son ombre, ce qui se passe de l'autre côté de l'image idéale et parfaite que la relation présente. Contrairement au personnage de l'Arnacœur, les services du trickster ne sont pas facturés, il est « engagé » par l'inconscient.

Chaque fois que nous avons des attentes élevées, dans tous les domaines, chaque fois que nous recherchons la perfection, nous nous retrouvons face à l'archétype du trickster et c'est le cas particulièrement en amour. La cérémonie du mariage, par exemple, où tout doit être parfaitement préparé, organisé et contrôlé, est l'un de ses lieux de manifestation par excellence. Une robe tachée par le vin, une mariée qui trébuche, l'oubli ou la perte d'un anneau, tous ces petits actes manqués montrent le revers de l'image idéale de perfection que représente le mariage.

Lorsqu'une relation s'installe dans une forme de rigidité, qu'elle perd son âme, elle prédispose l'inconscient à favoriser des rencontres « inattendues » et chaotiques. La psyché, par ce chaos nécessaire, cherche ainsi constamment à s'équilibrer et à nous refaire danser avec la complexité des sentiments humains. C'est notamment ce qu'a vécu le psychiatre Jung au tout début de sa carrière, alors que son mariage sécurisant, et en apparence parfaitement harmonieux, avec la deuxième femme la plus riche de Suisse cachait en fait une ombre qui n'attendait que le trickster pour être mise en lumière.

Jung, Freud, Emma et... Sabina

Dans *Les hasards nécessaires,* j'ai abondamment parlé des rencontres synchronistiques qui viennent marquer et transformer nos vies. Ces rencontres qui viennent révéler les zones d'ombre dans une relation amoureuse peuvent aussi être avec une tierce personne.

Jung l'a vécu de façon toute particulière avec sa première patiente, Sabina Spielrein, à l'approche du mi-temps de sa vie, alors qu'il se trouvait à la frontière de sa nouvelle carrière de psychiatre, au tout début de sa psychanalyse et, surtout, au milieu de son mariage parfait avec Emma. Il n'était pas du tout préparé à ce qui l'attendait. Bref, tous les ingrédients étaient réunis pour attirer la visite d'un trickster.

Un an après la naissance de sa première fille, Agathe Regina, le 25 septembre 1905, Jung contacta Freud pour la première fois, notamment pour lui parler de sa première patiente. Ce fut le début d'une rencontre hautement synchronistique au plan personnel pour Jung, mais aussi pour la collectivité, puisqu'ils allaient découvrir ensemble le vaste et complexe continent de l'inconscient. La rencontre de ces deux hommes bouleversa complètement non seulement leurs vies, mais la psychologie moderne. Le génie de leur rencontre se fait d'ailleurs encore sentir aujourd'hui.

Une jeune femme se glissa entre les deux hommes dès le début de leur correspondance. Sabina Spielrein, d'origine russe, fut la première patiente de Jung alors qu'il était psychiatre au Burghölzli. Elle souffrait d'un trouble d'hystérie et son cas occupa une place très importante dans les échanges entre Jung et Freud.

Il semblerait par ailleurs, selon une série de lettres découvertes récemment, que Jung ait eu une relation intime avec cette femme. Leurs échanges passionnés et la sensualité brûlante de celle-ci auraient contribué à des écarts dans la conduite professionnelle de Jung – il faut rappeler que, dans les débuts de la psychanalyse, les connaissances sur les transferts émotionnels en thérapie étaient inexistantes. Cette période correspond aussi à la rencontre de Jung avec un patient, Otto Gross, à la sexualité débridée, qui joua le rôle de trickster auprès de Jung, le provoquant face à son mariage de raison avec Emma.

La relation passionnée entre Jung et Sabina a été mise en scène de façon remarquable dans le film *L'âme en jeu*, de Roberto Faenza. Elle sera aussi portée à l'écran dans le prochain film de

David Cronenberg, *Une méthode dangereuse*. Dans *L'âme en jeu*, l'association entre Sabina et le trickster est très présente. Dans l'une des scènes du film, Jung sculpte l'image du trickster sur une pierre de son jardin après avoir accepté d'aller voir un spectacle de Wagner avec Sabina. Il se mettra ensuite en colère contre cette même sculpture lorsque Sabina menacera de dévoiler leur relation passionnée à sa femme.

Qu'est-ce que Jung a rencontré dans cette relation ? Sabina Spielrein l'a poussé à se repositionner dans son mariage, mais aussi et surtout à découvrir à son insu le transfert et le contre-transfert. Elle lui a permis de mettre en mouvement toute l'énergie refoulée dans son ombre, notamment sa sensualité étouffée. À travers ce torrent émotionnel, il a tout de même réussi à préserver son lien avec sa femme, Emma, et à remettre sa vie en perspective. Dans le chaos de cette rencontre synchronistique, il a su entendre l'invitation du trickster à regarder de plus près sa vie de couple, de même que sa relation avec son propre inconscient.

Il a refusé de céder à la demande de Sabina de lui faire un enfant et a choisi de renoncer à son lien réel avec elle. Sabina s'est alors tournée vers Freud et est devenue médecin.

La destruction comme cause du devenir

Malheureusement, et probablement parce qu'elle faisait de l'ombre à Jung et à Freud, Sabina Spielrein n'a pas été reconnue par la communauté scientifique de l'époque, même si son apport à la compréhension de l'âme humaine est majeur. En effet, elle est l'auteur d'un des textes fondamentaux de la psychanalyse, *La destruction comme cause du devenir*. Elle y développe son intuition géniale mais hautement dérangeante que l'amour engendre aussi une pulsion de mort. C'est d'ailleurs à elle que Freud a emprunté ce concept, sans malheureusement le reconnaître. Ainsi, selon sa théorie, donner la vie, c'est aussi se préparer à mourir. Au plan strictement biologique, l'amour permet de perpétuer la race, mais il nous confronte en même temps à notre propre mort. Donc, lorsque la vie apparaît, il y a nécessairement quelque chose qui meurt quelque part, une ombre qui se forme.

La naissance d'un enfant, par exemple, engendre une angoisse inconsciente chez les parents liée à leur éventuelle disparition. Cette angoisse doit être canalisée quelque part, et malheureusement elle l'est souvent contre le conjoint, dans de terribles jeux de pouvoir. Jung et sa femme ont aussi dû traverser des tempêtes lors de la naissance de leurs enfants.

On se demande souvent ce qui cause tant de guerres et de drames dans les familles. C'est possiblement cette angoisse inconsciente de disparaître. De plus, l'amour est toujours accompagné de beaucoup d'agressivité – ce fait est malheureusement souvent occulté du discours populaire sur l'amour.

Dans notre société qui clive les contraires, qui nous fait attendre démesurément de l'amour, le fait d'admettre la complexité du lien amour-haine provoque encore aujourd'hui – imaginez la réaction à l'époque de Jung! C'est peut-être l'une des raisons pour lesquelles nous avons tant de difficulté à aimer. L'agressivité, cette ombre de l'amour, prend souvent toute la place dans nos relations justement parce que nous ne lui laissons pas sa place.

Sabina Spielrein a été une pionnière de cette idée, ayant d'ailleurs vécu elle-même très passionnément cette danse entre l'amour et la haine avec Jung. Ainsi, non seulement elle lui a montré le chemin qui mène à son ombre, mais elle lui a fait réaliser que l'amour a lui aussi son ombre. En bon trickster, elle lui a montré ce qu'il ne voulait pas voir, ce à quoi il ne s'attendait pas. De même, l'idéal de pureté projeté sur l'amour est inatteignable.

Pour aimer, il faut aussi porter et assumer notre contraire et notre ombre, sinon celle-ci sera projetée sur l'autre ou attirera une tierce personne, un trickster, qui gravitera autour du couple, comme Sabina avec Jung et sa femme, et avec Jung et Freud alors qu'ils « enfantaient » la psychanalyse.

Sabina Spielrein a contribué à révéler l'ombre de Jung lorsque celui-ci a traversé sa période de chaos. Le génie de cette rencontre nous permet de mieux comprendre l'ombre de l'amour en nous offrant un bon exemple du travail du trickster. Sa figure est apparue à la frontière de sa nouvelle carrière, au début de la psychanalyse, elle a engendré une forme de chaos dans la relation entre Freud et Emma, mais surtout elle a contribué à révéler l'âme de Jung et son inconscient. Comme c'est souvent le cas lors de rencontres synchronistiques et avec un trickster, les portes que Sabina a ouvertes pour Jung, il dut les traverser sans elle, puisqu'elle fut fusillée par les nazis plusieurs années plus tard dans une église de Russie.

La tierce personne

Même si nous cherchons le confort et la sécurité en amour, l'espace relationnel amoureux est continuellement « visité » par des « étrangers ». Entendons ici « étrangers à la fusion initiale », puisque ce peut être un enfant qui vient révéler les zones d'ombre du couple. En effet, dans beaucoup de couples, l'enfant fait office de trickster, venant rappeler que de l'espace est nécessaire entre les conjoints pour éviter que le couple se referme sur lui-même, et que la relation telle qu'elle est doit mourir pour mûrir et renaître à la réalité.

L'importance de la tierce personne dans une relation a été fortement théorisée par Sartre. L'auteur Renée Marti résume ainsi la pensée de ce philosophe : « L'adéquation de toute relation à deux à la réalité matérielle et sociale passe par l'introduction d'un troisième terme, médiateur et surtout garant du fait que la relation reste ancrée dans la réalité et ne va pas sombrer dans un délire à deux. »

Toute relation à deux est donc amenée à intégrer un troisième terme ou à devenir perverse et à s'autodétruire. Par exemple, une mère qui garde son enfant exclusivement pour elle, sans lui donner d'autre figure d'attachement, lui prépare un avenir affectif difficile et peut même, à la limite, en faire un psychotique.

La vie conjugale présente la même évolution que la vie de l'enfant: elle passe du deux au trois. Si, lors du stade fusionnel, les amoureux vivent comme s'ils étaient seuls au monde, ils sont tôt ou tard rattrapés par le monde extérieur, la réalité, la société. Ils peuvent aussi éprouver eux-mêmes le besoin d'introduire un troisième terme entre eux: un enfant, un engagement social ou religieux, un travail, etc.

L'ombre de l'amour

Le trickster de l'amour vient mettre du jeu dans nos attentes et nos idéaux. L'ombre du couple est faite de tout ce à quoi les partenaires ont renoncé pour préserver une image idéale d'eux-mêmes et de leur relation. Elle est aussi faite des désirs qui ont dû être réprimés de part et d'autre pour former le couple, de tout ce qui a cessé d'être entendu qui risquera de frapper à la porte de l'inattendu pour se faire entendre avec force. L'ombre du couple, c'est donc essentiellement le « négatif » de sa photo idéalisée de l'amour. L'histoire de Lucie en est un bon exemple.

Lucie a sacrifié tous ses besoins pour satisfaire celui d'être aimée en se donnant totalement à son conjoint. Elle a passé une bonne partie de sa vie dans la salle d'attente de Pierre. Or, comme on prend conscience de nos attentes lorsqu'elles ne sont pas comblées, son ombre a un jour pu émerger. Lucie ne réalisait pas qu'il y avait une ombre à son « sacrifice », qu'elle attendait de l'amour en retour. Elle se disait que, si elle répondait parfaitement à tous les besoins de son conjoint, il satisferait en retour son grand besoin d'être aimée, ce qui n'arriva évidemment jamais – lorsque nous sommes continuellement dans la salle d'attente des autres, plus personne n'habite notre personnalité; lorsque l'autre veut venir nous voir, il ne trouve personne dans la maison.

Lucie avait complètement oublié tout ce qu'elle désirait, avait mis entre parenthèses tous ses besoins et manifestait des pulsions agressives insoupçonnées et de la haine. C'est la naissance de son premier enfant qui lui a fait prendre conscience de cette ombre. Elle redécouvrit alors ses attentes cachées et se rendit compte qu'elle se sacrifiait totalement pour être aimée et préserver une image de femme en contrôle.

L'arrivée de son enfant a mis en lumière son désir de jouer son rôle de mère à la perfection, et lui a fait réaliser qu'elle avait aussi relégué sa féminité dans l'ombre. Elle dut saisir l'invitation de son petit trickster pour reconnaître ses désirs, ses besoins, sa vulnérabilité et son besoin d'être épaulée – qu'elle considérait jusque-là comme de la faiblesse.

Tout désir ou tout besoin non reconnu ou négligé conduit à des attentes démesurées envers l'autre et pousse à adopter une attitude rigide, le rôle du sauveur, par exemple. Celui qui veut sauver l'autre doit se sauver d'abord. Ceux qui veulent sauver les autres cherchent d'ailleurs souvent à se « sauver », à fuir leur conversation intime avec eux-mêmes et leurs besoins.

Lucie et son conjoint ont dû reconnaître leurs besoins pour mettre en lumière le « monstre » réveillé par l'arrivée de leur petit trickster.

Nous prenons conscience de nos attentes face à l'amour en rencontrant l'inattendu. C'est ce qui est arrivé à Richard.

Richard, infirmier psychiatrique nouvellement retraité et en couple depuis 13 ans, venait de perdre sa mère lorsqu'il tomba par hasard sur une note adressée à sa conjointe par un inconnu.

Richard maintenait depuis un bout de temps une relation de distance avec lui-même et avait tendance à faire la guerre à ses désirs et à ses besoins. Cette découverte inattendue a été le catalyseur qui a engendré l'insécurité nécessaire pour lui faire reprendre contact avec la réalité.

Alors qu'habituellement il aurait mis en place tout un arsenal militaire pour attaquer ses besoins et sa conjointe, il saisit plutôt une occasion de reprendre la conversation. En fait, il avait terriblement peur de sa propre vulnérabilité, craignant que sa conjointe le quitte s'il lui montrait à quel point il était vulnérable. Il passa quand même par-dessus cette peur, puis décida de faire une thérapie qui lui fit découvrir qu'il avait peur du rejet parce qu'il rejetait ses propres besoins. Il dut pourtant leur faire face lorsque sa conjointe décida de le quitter pour vivre avec l'homme de la note.

Il retint toutefois un message essentiel de cette expérience difficile : ce n'était pas sa vulnérabilité qui l'avait mené à cette séparation, mais plutôt le fait qu'il tente de la dissimuler.

Saint-Exupéry, Consuelo et... Sylvia

Alors que le grand auteur Antoine de Saint-Exupéry explorait les mystères du lien, de l'apprivoisement et de l'engagement, son mariage avec Consuelo était plutôt houleux. Il idéalisait la relation à l'autre dans ses écrits, mais enchaînait les maîtresses.

Sylvia Hamilton, la journaliste qui le reçut lors de son passage à New York pendant l'écriture du *Petit Prince*, fut l'une d'entre elles. C'est même elle qui l'encouragea à illustrer son livre lui-même. Le dessin du tigre qui veut manger la rose aurait d'ailleurs été inspiré par le petit chien de Sylvia.

On peut se demander si la rose unique de Saint-Exupéry, qui est indéniablement une représentation de sa relation avec sa femme Consuelo, n'a pas « bénéficié » de la rencontre avec cette femme, ce trickster invisible, qui contribua possiblement à l'émergence de son génie et qui, de surcroît, reçut en cadeau des mains de son auteur le manuscrit original du *Petit Prince*.

Cette maîtresse, ce troisième terme, est venue frapper le couple Consuelo et Antoine d'une façon toute particulière en le mettant en péril, mais aussi en lui révélant son côté unique. Sylvia Hamilton et les autres maîtresses de Saint-Exupéry sont d'ailleurs bien représentées par le jardin de roses illustré dans le livre. Celles-ci l'ont sans doute mené à prendre conscience de l'unicité de sa rose, Consuelo, et à écrire la phrase : « C'est le temps que tu as perdu pour ta rose qui fait ta rose si importante », dans *Le petit prince*.

Le hasard est curieux, il provoque les choses...

On m'a dit que l'Inde était un miroir, qu'elle allait réveiller des choses profondément cachées en moi. Mon ombre s'y est en effet révélée de façon plutôt inattendue. À Rishikesh, au retour d'une journée d'exploration dans l'ancien ashram des Beatles, je me suis mis à clavarder sur Internet avec une femme qui portait le même prénom et qui habitait la même ville que Bérénice, la fille à l'origine de l'écriture des *Hasards nécessaires*. J'avais, à l'époque, dû rompre avec elle. Une abeille morte enroulée dans l'un de ses cheveux rouges, trouvée sur mon plancher, avait scellé l'issue de notre relation.

Faisant des liens entre cette femme et Bérénice, et voulant la connaître davantage, je décidai, sans informer ma conjointe, de l'inviter à une fête qui allait être organisée à mon retour d'Inde, mais ne lui donnai toutefois pas d'indications précises sur la route à prendre, supposant que, comme elle habitait à plus de trois heures de route de chez moi, elle ne viendrait pas. Peut-être ai-je inconsciemment voulu provoquer quelque chose.

La journée de la fête, j'entendis la chanson de Martine Saint-Clair *Désir égale danger* à la radio de la voiture. Cela attira mon attention, sans plus. Autre hasard, la fête tombait le jour de l'anniversaire de ma rupture avec Bérénice, plusieurs années plus tôt.

Alors que la soirée était bien avancée, cette « femme trickster » se présenta avec une amie. Ma conjointe, qui participait à la fête, en la voyant et en apprenant comment nous nous étions rencontrés, se sentit trompée. Nous avons instantanément quitté les lieux. Arrivés dans la voiture, les premières paroles que nous avons entendues à la radio à ce moment précis furent celles d'une chanson de Charles Aznavour: « Le hasard est curieux, il provoque les choses. » Portant une attention toute particulière à ces paroles, je n'eus d'autre choix que de provoquer une franche et courageuse conversation afin de mettre en lumière ce qui venait de se jouer.

Au cours de la discussion, je pris conscience d'un grand besoin de séduire qui était apparu chez moi au tournant de la quarantaine, que je refoulais dans l'ombre de mon nouveau rôle de père et en jouant les bons garçons. J'avais sous-estimé ce besoin de séduction qui avait pris la direction du virtuel, lieu toujours sensible à notre ombre et à nos vulnérabilités.

Cette conversation sur ces sujets délicats nous a permis, à ma conjointe et à moi, d'exprimer nos malaises, de chercher des voies pour exprimer nos besoins, de mettre en mots ces désirs de folie et de séduction qui avaient été embouteillés et mis au jour par la rencontre de ce trickster de couple. Ainsi, Aznavour avait bien raison, le hasard est curieux, il provoque les choses...

Du jeu entre nous

Le trickster de l'amour revient ainsi mettre du jeu dans un espace relationnel devenu trop serré et dans les attentes souvent idéalisées de l'amour, dans la distance tant avec soi qu'avec l'autre. Cet espace est aussi un défi lorsque la tierce personne nous oblige à reconquérir notre partenaire et à recommencer à l'inattendre.

La musique du chaos, qui provient symboliquement de la lyre d'Hermès – elle résonnait pour nous à travers celle de Charles Aznavour –, est parfois nécessaire pour recommencer à danser plus naturellement avec l'autre, ou éventuellement à sortir de piste...

Résumé du chapitre 4

1. Le trickster de l'amour

- Il se glisse dans nos relations amoureuses sous la forme d'une tierce personne.

- Il fait émerger l'ombre du couple et les attentes et désirs cachés des partenaires.

- Il bouleverse l'équilibre du couple et révèle ses failles, sa folie comme son génie.

2. Le trickster de l'amour met en lumière la nécessité de reprendre la conversation avec soi et l'autre.

- Il est le gardien de l'âme ou du génie de la relation.

- Il permet de remettre du jeu dans la relation, d'entrer dans la danse ou de sortir de piste.

3. Questions pour bouger :

- Qu'avez-vous dû mettre de côté pour être dans votre relation actuelle ?

- Quels ont été les tricksters de votre couple ?

- Quelles attentes ont-ils mis au jour ?

- Comment vous ont-ils permis d'étendre votre vision de l'amour ?

Chapitre 5

Danser sa vocation ; l'inattendu au travail

Il nous faudra bien répondre à notre véritable vocation, qui n'est pas de produire et de consommer jusqu'à la fin de nos vies mais d'aimer, d'admirer et de prendre soin de la vie sous toutes ses formes.

PIERRE RABHI

Vivez les rêves que la vie vous défie de rêver.

MARTIN LUTHER KING

Le Saint-Laurent n'a absolument rien à envier au Nil, au Gange ou au Bosphore. Ses majestueux courants naissent dans les Grands Lacs pour mettre en valeur la ville de Québec en son point le plus étroit, et vont ensuite se disperser dans le vaste océan Atlantique.

J'aime découvrir le génie de cet endroit avec ma fille, avant de la reconduire à son service de garde. J'aime particulièrement me hasarder au quai des Cageux, où jadis le bois était accumulé avant d'être envoyé en Angleterre et où furent construits les navires qui ont exploré le Nouveau Monde. Des milliers de draveurs y ont dansé sur les billots de bois, au risque de leur vie, bravant le froid, les loups, les maladies et la famine pour bâtir le monde dans lequel nous vivons aujourd'hui.

Grâce à leur courage et à leur ténacité, je peux aujourd'hui faire mon travail dans la sécurité et le confort le plus total – même si celui-ci peut parfois devenir un obstacle et que les loups se retrouvent aussi en soi. En observant les vestiges des chantiers encore visibles à marée basse, j'ai une pensée pour ces artisans de mon monde.

Lors de mes promenades, j'aime construire avec ma fille des petits inukshuks, comme on bâtissait jadis de petits autels dédiés à Hermès pour orienter les voyageurs sur les rivages. Alors que les petites mains de ma fille empilent les pierres avec moi, je me demande souvent que deviendra ce joli petit bouquet de possibilités. Je regarde les minuscules lignes dans ses mains. Je n'ai absolument aucune idée de ce qui lui arrivera dans sa vie, mais je sais que je suis lié à son avenir. D'une main j'enlace sa petite main dans le temps tandis que mon autre main me rattache à mes ancêtres.

Ces tas de pierres sont aussi à l'image des bâtons à message, repères autrefois laissés à l'intérieur des terres, dans la tradition innue, pour permettre aux nomades d'orienter leur marche et de trouver les sources de nourriture. Aujourd'hui, où sont les repères qui nous guident vers notre vocation dans l'immense forêt de possibles d'une vie professionnelle ? Ma fille arrivera-t-elle à trouver son chemin et à sortir de la salle des attentes de ses parents et du monde pour suivre ses propres courants ?

« Pro-vocation »

Dans le cœur de chaque enfant se trouve une confluence de courants unique dans toute l'histoire de l'humanité qui chercheront à s'exprimer tout au long de sa vie. Ces courants, liés à son histoire personnelle et collective, constituent les racines de son génie vocationnel.

Réaliser sa vocation, essentiellement, c'est se rendre visible, faire entendre sa voix unique dans la grande conversation du monde. Or, toute vocation est aussi, d'une certaine façon, une provocation des courants anciens. Les parents, par exemple, ne la comprennent pas nécessairement.

Tout comme le choix de l'être aimé peut bouleverser les valeurs des parents, le choix d'une vocation risque de provoquer l'entourage. L'enfant devra alors confronter les attentes qu'on a envers lui.

Les dragons et notre vocation

Le film *Comment entraîner son dragon* raconte l'histoire d'Harold, un jeune Viking apprenti forgeron du village de Berk, où les habitants combattent et tuent les dragons de génération en génération. Harold est vu par son père, le chef du village, comme un petit être fragile, faible et peureux, puisqu'il ne montre aucun intérêt à tuer les dragons, même s'il sait que c'est ce que son père attend de lui.

Une sombre nuit, alors que les dragons attaquent le village, Harold touche l'un d'eux d'une flèche. C'est un type de dragon que les gens du village n'ont jamais vu – la «furie nocturne», parfait symbole de l'inconnu. Face à ce dragon blessé, Harold adopte une attitude totalement nouvelle : il tente de l'apprivoiser.

Caché dans la forêt, Harold nourrit et soigne son dragon. Astrid, une jeune fille du village, finit par découvrir son secret alors qu'elle se promène dans la forêt. Harold lui démontre que son dragon n'est pas dangereux – c'est là le défi de l'intimité :

montrer son ombre à une autre personne, qui l'acceptera finalement. C'est ce qu'elle fait, puisqu'elle montera ensuite avec lui sur le dragon pour revenir au village.

Les gens du village, le père d'Harold en tête, réagissant encore par la peur, en les voyant arriver, tentent de tuer le dragon. C'est le moment pour Harold d'affronter son destin et de prouver à son père la pertinence de sa passion, l'importance de suivre sa voie, le dragon de sa vocation, pour continuer de vivre.

On découvre ensuite que les dragons ne sont pas libres. Ils viennent piller les habitants du village pour nourrir les attentes démesurées d'une immense mère dragon qui vit sur une île lointaine, et qu'Harold devra aussi affronter. Symboliquement, après avoir confronté son père, il doit se libérer de l'emprise d'une mère tyrannique qui le maintient dans les griffes de ses attentes et le conduit vers une vie mécanique, sans âme. Il arrivera aussi à maîtriser ce dragon, et son talent sera alors reconnu par son père et tout le village.

Après un accident, Harold perd l'usage d'un pied et se construit un attelage qui lui permet de faire corps avec son dragon, qui a, lui, perdu une aile dans un combat. Ils se rejoignent alors dans leurs vulnérabilités respectives. C'est l'essence même de l'expression d'une vocation que d'unir ses forces mais aussi ses faiblesses à celles de la collectivité.

Ce film très riche au plan symbolique montre comment le dragon, une image qui a gagné en popularité ces dernières années, symbolise à la fois nos peurs, nos aspirations, notre vocation et le feu qui nous brûle, nous consume ou nous anime. Tuer ce qui nous anime nous prive d'une richesse – c'est pourtant ce que les gens du village font depuis la nuit des temps. Harold devient le trickster de sa collectivité, lui permettant de dépasser ses limites et de s'ouvrir à de nouvelles possibilités.

Dans nos peurs et nos vulnérabilités se trouvent l'énergie de notre propre originalité et souvent la voie pour trouver notre vocation. Lorsqu'elles sont apprivoisées, que nous tissons un lien avec elles, comme l'a fait le petit Harold, elles nous permettent de transformer le monde. Répondre à l'appel de sa vocation, c'est donc un peu monter son dragon et exprimer son génie unique.

Les provocateurs de vocation

Tous les héros font des rencontres inattendues et déterminantes qui leur permettent de révéler le génie de leur vocation. Mais pour que ce génie soit visible, il doit être reconnu ou confronté par d'autres. Ainsi, quelles sont les rencontres inattendues qui ont décapsulé votre génie vocationnel, qui ont éveillé ce feu en vous ? C'est souvent la rencontre d'un trickster qui provoque la vocation.

Un trickster vocationnel est une personne ou un événement qui permet de prendre contact avec sa vocation « par hasard ». Il peut prendre la forme de la rencontre avec une personne qui croit profondément en nous et nous inspire, ou l'inverse, de quelqu'un qui nous met des bâtons dans les roues, nourrissant le feu de notre passion. Le trickster vocationnel peut aussi attiser le feu de la rébellion.

L'humiliation est ainsi, souvent, un puissant moteur de découverte d'une vocation. Je pense par exemple à Robert Lepage, qui a été continuellement humilié par ses pairs alors qu'il était enfant parce qu'il souffrait d'alopécie, une maladie qui provoque la perte des poils et cheveux. Il a su retourner cette vulnérabilité pour exprimer toute sa passion dans ses œuvres, en prenant appui sur elle et en lui faisant face. Son talent en fait l'un des créateurs les plus originaux de notre époque.

Par ailleurs, le « génie » de Mark Zuckerberg, le fondateur de Facebook, serait sorti de sa bouteille après des humiliations causées par une rupture amoureuse et le fait qu'on lui ait refusé l'entrée d'un club sélect de Harvard. Le réseau social le plus important du monde est donc le fruit de l'humiliation. Il faut dire qu'il a su en tirer profit, en devenant multimilliardaire...

Les exemples d'humiliations permettant au génie vocationnel d'émerger dans la vie de tous les jours ne sont pas rares. C'est le cas de Julia, par exemple.

Alors qu'elle avait des difficultés à l'école, Julia s'est fait rabaisser à maintes reprises par son professeur de mathématiques, qu'elle détestait. Alors qu'elle aurait pu s'écraser, elle a utilisé cet homme comme levier. Julia a décidé de faire des difficultés son travail. Elle est ainsi devenue professeur pour enfants en difficulté d'apprentissage.

Les gens qui nous mettent en contact avec notre vocation sont aussi bien sûr ceux qui croient en nous et qu'on rencontre souvent à l'occasion de hasards nécessaires. Par exemple, Fabrice Luchini, le grand comédien français qui porte bien les couleurs du trickster, a vécu une rencontre inattendue qui a complètement bouleversé le cours de sa vie professionnelle et « décapsulé » son génie, qui est maintenant reconnu.

Alors qu'il dansait comme un déchaîné dans l'un des premiers Drugstore de France à Angoulême, Fabrice Luchini, alors prénommé Robert, se fait remarquer par le réalisateur Philippe Labro, qui est à la recherche d'un acteur pour son film Tout peut arriver. *À cette époque, Luchini est coiffeur et n'a pas de formation d'acteur; pourtant, il obtient son premier rôle au cinéma, comme quoi tout peut arriver!*

Il est ensuite mis en relation, encore par hasard, avec Éric Rohmer – une autre rencontre sous l'égide de l'inattendu. Alors qu'il rend visite à Rohmer, Luchini sort de sa poche un livre de Nietzsche. Rohmer lisait le même livre en allemand et un lien se souda pour plusieurs années et des dizaines de films.

À la suite de ces films, Luchini a été ostracisé par les autres réalisateurs. Il a dû faire face à une certaine traversée du désert avant de pouvoir exprimer pleinement son génie.

Un trickster vocationnel, c'est quelqu'un qui provoque la vocation de façon totalement inattendue, comme Labro l'a fait pour Luchini. C'est donc toute personne qui nous incite à nous rendre visible et à dévoiler ce génie unique qui vit en nous et qui cherche constamment à sortir de la bouteille de l'inconscient, et à le canaliser dans une vocation. Comme toute rencontre synchronistique, elle favorise la rencontre, mais il nous revient ensuite de la cultiver et de la transformer en relation.

Le poète disparu

Comme je l'ai exploré en détail dans mon deuxième livre, *Se réaliser dans un monde d'images,* le trickster vocationnel peut aussi être un personnage de film ou de roman. Je pense ici à ceux joués par Robin Williams dans *La société des poètes disparus* et *Le destin de Will Hunting,* qui m'ont poussé à découvrir ma vocation de psychologue mais aussi de poète. Si j'ai choisi d'endosser celle de psychologue, j'ai toujours eu peur de la vocation d'artiste. Comme elle me tenaille de plus en plus depuis le tournant de la quarantaine, je fais de la poésie sous la table, dans les contours de mes essais.

C'est grâce à une rencontre déterminante avec le poète David Whyte que j'ai décidé de mettre plus de poésie et d'art dans mon travail d'auteur et de psychologue. David Whyte, un biologiste de formation qui a décidé d'embrasser une vocation de poète et de provoquer le monde des affaires et les dirigeants de grandes entreprises américaines avec de la poésie, a été mon trickster vocationnel ces dernières années. J'ai été profondément impressionné par la qualité de son langage et le courage qu'il a su déployer pour promouvoir la poésie dans les multinationales américaines, rôle auquel il se consacre depuis maintenant plusieurs années.

La vocation est une danse et, devant elle, nous oscillons continuellement entre le désir de nous affirmer originalement et celui d'être accepté par les autres. C'est pourquoi nous avons besoin d'en parler d'abord à quelques personnes avant de nous aventurer à l'exprimer dans le monde, comme Harold l'a fait avec Astrid dans *Comment entraîner son dragon.*

Essentiellement, la vocation nous pousse à exprimer notre feu unique dans la collectivité pour éviter qu'il nous brûle et nous enfume de l'intérieur.

Les collègues tricksters

Nos attentes professionnelles sont souvent soumises à des idéaux très rigides qui deviennent plus élevés à mesure que notre carrière avance. En ce sens, certains collègues tricksters sont des miroirs intéressants pour refléter ce qui vit en nous. Ils nous révèlent nos ombres et le jeu que nous devons mettre dans notre relation avec notre travail.

Ainsi, pourquoi untel vous fascine-t-il autant sur le plan professionnel? Qu'est-ce qui vous énerve tant chez tel autre? Le collègue trickster provoque une forte réaction émotionnelle, et ce, au point qu'on peut se réveiller la nuit pour le détester. C'est ce qui est arrivé à Philippe.

Philippe, fonctionnaire au gouvernement du Québec depuis plus de dix ans, a soudainement dû côtoyer un nouveau collègue qui, disait-il, travaillait « dans son dos ». En fait, ce collègue occupait le cubicule derrière lui et sa présence était devenue extrêmement envahissante pour Philippe – les autres collègues autour de lui ne lui faisaient pas cet effet.

Il en faisait même des cauchemars, rêvant que ce collègue prenait son poste, qu'il avait toutes les promotions. Cet homme suscitait en lui un curieux mélange d'envie et de mépris. Or, en écoutant attentivement les plaintes de Philippe, j'appris des choses intéressantes sur son ombre et sur ce qu'il avait dû laisser de côté pour son travail.

Pour découvrir cette face cachée, je lui demandai simplement de me décrire sans censure les caractéristiques de la personne qui l'affectait. Il décrivit son collègue comme un égoïste qui cherchait à être le centre d'attention et qui ne faisait pas attention aux autres, un séducteur qui ne travaillait que pour l'argent.

Un exercice intéressant dans un cas comme celui-là – qui m'a été suggéré par Jan Bauer – est de demander à la personne de faire une liste des caractéristiques opposées à celles nommées. Dans le cas du collègue de Philippe, la liste allait comme suit: altruiste, retiré, dévoué et ne comptant pas son temps.

Cette nouvelle liste représentait exactement l'idéal de Philippe devenu trop rigide. Ce trickster, qui travaillait « dans son dos », lui révélait le jeu qu'il devait mettre dans son idéal pour remettre de la vie dans son travail. Ainsi, en devenant un peu plus égoïste, en limitant un peu plus ses heures de travail, en se permettant lui aussi de faire des blagues pour attirer l'attention, Philippe put recommencer à danser un peu plus avec son travail.

Inattendre ou procrastiner

Au travail, nos attentes et nos idéaux peuvent aussi travailler contre nous et en nous pour nous faire perdre notre temps dans la procrastination. C'est à ce moment-là qu'une force profondément enfouie en nous, un mouvement d'opposition, adopte la dynamique du trickster et libère la route pour nos réalisations.

Procrastiner, c'est essentiellement tenter de retenir dans une matrice idéale une création qui cherche à sortir de nous. C'est maintenir dans notre salle d'attente un rêve parce que nous lui donnons trop d'importance. Plus on attend pour créer, plus les attentes envers cette création deviennent démesurées. Dieu sait que la création de cet ouvrage a été ralentie par la procrastination. Je ne sais plus combien d'heures j'ai passé sur Internet ou devant des jeux vidéo pour tenter de fuir ce qui cherchait à s'écrire ici.

Lorsque l'angoisse du résultat, du but, devient plus importante que le processus de réalisation, nous cessons de jouer et d'être créatifs. Voulant à tout prix être des « pros », nous oublions, dans le processus, « l'impro » nécessaire au plaisir de créer.

Apprendre à inattendre le résultat de l'écriture m'a permis de sortir de cet état profondément angoissant. En me rendant totalement disponible, des idées auxquelles je n'avais pas pensé ont pu émerger spontanément en moi. Je dus aussi parfois me rendre humblement à l'évidence que rien ne se passait, et parfois accepter que le résultat soit plus intéressant que si j'avais écrit ce que j'avais « prévu » – sans compter tous les textes qui ont disparu «comme par hasard», suivant les caprices de mon ordinateur, dans les abîmes de son disque dur.

Sortir de la procrastination, c'est sacrifier la perfection dans notre tête pour accepter l'imperfection dans notre corps – pour moi, dans le corps du texte. La procrastination nous permet de garder notre idéal intact virtuellement, mais, pour qu'il prenne forme dans le monde réel, il faut accepter de prendre le risque de le sortir de sa cachette, de le rendre visible, comme on se rend visible au monde à la naissance.

Ainsi, la prochaine fois que vous chercherez à fuir le jeu de la vie dans d'autres jeux, demandez-vous si votre idéal est plus important que la réalité et tendez l'oreille à l'appel de votre trickster qui vous indiquera le chemin à suivre pour remettre du jeu là où c'est vraiment nécessaire : dans la vie elle-même.

Travailler, c'est se rendre visible

Travailler, tout comme danser ou aimer d'ailleurs, c'est rendre visible un talent caché mais essentiel à la communauté, comme le petit Harold a créé l'art d'apprivoiser les dragons. Pour ce faire, il faut prendre son courage à deux mains, confronter la peur de ne pas être accepté et sortir de la grande salle d'attente du monde, où le travail se fait de façon mécanique, simplement pour «rapporter» quelque chose.

Tout comme le poète qui monte sur une table pour se faire entendre dans le film *La société des poètes disparus*, nous sommes invités à sortir de notre cachette, à faire sortir le génie de notre lampe, et ce, peu importe sa forme, pour éclairer un peu notre coin du monde. Regardez là où la vie vous a frappé, il y a de fortes chances que vous y trouviez les sources de votre vocation.

Que ce soit à travers une idée, un service ou un objet, exprimer sa voix, c'est transformer ces courants. Winnicott disait quelque chose d'intéressant à ce sujet : «Se cacher est un plaisir, mais ne jamais être trouvé est une catastrophe.» Nous pouvons cacher longtemps le génie de notre vocation et, comme avec un partenaire amoureux, ne jamais se rendre disponible au mariage vocationnel, mais les invitations et les rendez-vous galants ne manqueront pas et nous aurons toujours la liberté de rester cachés ou de nous rendre visibles.

Le mariage vocationnel

Dans son remarquable ouvrage *The Three Marriages: Reimagining Work, Self and Relationship*, David Whyte compare l'engagement dans une vocation à un mariage. Tout comme la relation avec une personne a pour but de se rendre visible à l'autre, le mariage avec une vocation permet de se rendre visible à la société. Dans les deux cas, nous oscillons entre la peur d'affirmer notre originalité, le désir d'être accepté par l'autre et la société, et la peur de montrer nos vulnérabilités.

La vie nous présente généralement notre vocation tôt dans l'enfance, mais c'est généralement à l'adolescence que nous la rencontrons plus directement. Comme dans une relation amoureuse, nous allons ensuite devoir établir une relation mature avec elle. Passer du coup de foudre à l'engagement, de l'illusion idéale initiale à la réalité ne sera pas toujours facile. La synchronicité crée la rencontre, mais nous devrons ensuite bâtir la relation en faisant face au feu de la passion, qui brûle autant qu'il inspire.

Le feu de la passion...

« La vocation, c'est avoir pour métier sa passion », écrivait Stendhal. Comme je l'ai mentionné précédemment, la capacité de vivre sa passion est proportionnelle au niveau d'insécurité que nous pouvons tolérer. Or j'entends souvent dire que nous devons être toujours heureux au travail, ou encore que, si nous aimons vraiment notre travail, il ne nous ennuiera et ne nous causera pas de souffrance. C'est peut-être l'un des pièges de nos attentes. Rappelons que le mot « passion » veut dire souffrance.

Le mot « travail », lui, vient du latin *tripaliare*, qui signifie tourmenter, torturer, et qui désignait, chez les Romains de l'Antiquité, un instrument de torture pour esclaves.

Ce mot, « passion », est-il perverti aujourd'hui dans le travail ? Nos attentes face au travail sont-elles les nouveaux tyrans de la réussite et de la perfection ?

La passion n'est pas liée qu'à la recherche du plaisir ou du bonheur, il faut être prêt à se sacrifier et donc à souffrir pour l'objet de sa passion. Pour éviter de se sacrifier pour les mauvais maîtres, il est essentiel de se demander ce que nous allons servir en nous sacrifiant, de se demander si ce feu étouffe, restreint ou s'il ouvre de nouveaux horizons.

Je sais que le mot « sacrifice » n'a pas bonne presse de nos jours, mais c'est peut-être parfois en sacrifiant un peu de confort que nous pouvons retrouver la dimension du feu sacré. La dimension sacrée de la vie est peut-être aujourd'hui oubliée, comme le mot « sacrifice », qui lui est intimement lié.

C'est à la lumière du jour que nos rêves personnels deviennent collectifs

Poursuivre une passion ou une vocation, c'est chercher à exprimer le génie ou les rêves qui vivent en nous depuis que nous sommes enfants. Et si les rêves de la nuit permettent de consolider nos apprentissages, les rêves diurnes ont-ils la même fonction ? Autrement dit, si nous plongeons au cœur même de notre originalité, de nos cassures, de nos points de contact avec la vie et que nous cultivons un mouvement original, nous acquerrons peut-être une expertise unique qui peut enrichir la collectivité. Ainsi, le fruit d'un mariage avec une vocation est l'expression d'un rêve dans le monde, comme le fait d'accoucher d'un enfant.

Ces rêves cognent dans nos ventres comme des enfants qui cherchent à naître tout au long de notre mariage vocationnel. Nous pouvons toutefois délaisser ou oublier nos rêves d'enfance comme nous oublions les rêves la nuit. Nous pouvons aussi en avoir peur, car nos rêves ou notre vocation nous obligent à bouger et à transformer notre environnement.

C'est à la lumière du jour que nos rêves personnels deviennent collectifs. Nos rêves les plus géniaux sont ceux qui proviennent des recoins les plus intimes de notre originalité et c'est pourquoi ils rejoignent les grands rêves collectifs. « Vivez les rêves que la vie vous défie de rêver », disait Martin Luther King. L'engagement sincère et courageux à les poursuivre comme on poursuivrait un amour, sans aucune garantie, est l'acte courageux qui nous fait sentir vivants. Le mot « courage » vient d'ailleurs du mot « cœur », il représente un engagement total et entier dans notre présence au monde et non pas seulement une attente de bonheur ou de satisfaction personnelle qui peut nous couper du sacré et du collectif.

Un de mes guides au Tibet me disait, lors de mon voyage, que les Occidentaux sont malheureux en amour et dans leur travail parce que 99, 9 % des choses qu'ils font, ils ne les font que pour eux.

Est-ce que, justement, les rêves prennent toute leur ampleur lorsqu'ils ne sont plus seulement personnels, mais qu'ils nous dépassent ? Peut-être avons-nous peur de nos rêves parce que, justement, si on les laisse grandir, ils vont, comme un enfant, nous dépasser un jour ? De la même façon, suivant la pensée de Khalil Gibran, nos enfants ne sont pas nos enfants, ils sont à la vie, qui nous dépasse.

La danse avec nos rêves et avec notre vocation nous pousse continuellement à converser avec le déséquilibre. Converser franchement avec une vocation, c'est chevaucher un dragon qui risque à tout moment de nous faire tomber.

Et alors que nous pouvons fuir nos engagements en évitant le mariage avec l'autre ou notre vocation, le mariage ou la danse avec soi, le dernier des trois, est un rendez-vous inévitable. Nous pouvons chercher à nous fuir et à rompre avec nous-mêmes, mais contrairement aux deux autres danses, que nous pouvons éviter, cette danse-là ne s'ignore pas. Autant apprendre à nous surprendre nous-mêmes et à accueillir l'inattendu, qui vient aussi parfois du plus profond de nous. N'ayez pas peur de vous surprendre, vous avez encore sûrement plusieurs années à passer en votre compagnie.

- Qui a provoqué votre rencontre avec votre vocation ?

- Quels événements ont fait naître votre passion ?

- Quels liens pouvez-vous faire entre vos plus grandes peurs, vos plus grandes vulnérabilités et votre passion, vos rêves ou votre vocation ?

- Si vous ne connaissez pas votre passion, de quoi avez-vous peur ? Où et comment avez-vous été le plus blessé ou humilié dans la vie ?

9. Questions pour bouger :

8. Inattendre notre vocation, c'est être disponibles pour jouer avec les rêves que la vie nous propose et accepter d'être dépassés par eux.

7. C'est durant le jour, dans notre travail, que nos rêves personnels peuvent rejoindre les grands rêves collectifs.

- Notre capacité de vivre notre passion est proportionnelle à l'insécurité que nous pouvons tolérer.

- Il faut être prêt à se sacrifier et à souffrir pour l'objet de sa passion.

6. Le feu de la passion

- On épouse une vocation comme on s'engage avec une personne.

5. Le mariage vocationnel

Résumé du chapitre 5

1. Le génie vocationnel

- Le génie vocationnel est l'ensemble des voies et des courants de notre histoire personnelle, familiale et collective que nous rencontrons et cherchons à exprimer.

- Vivre sa vocation, sa passion ou son rêve, c'est se rendre visible et faire entendre sa voix dans la grande conversation du monde.

2. La « pro-vocation »

- Pour exprimer notre voix ou notre vocation dans le monde, nous devons souvent confronter les attentes de nos proches et de nos parents, de notre époque.

3. Le dragon de notre vocation

- Embrasser une vocation, c'est comme chevaucher un dragon.

- La découverte de notre vocation est souvent le fruit de hasards nécessaires.

- C'est souvent là où la vie nous a frappés, là où nous avons été cognés, que s'allume le feu de notre passion et de notre vocation.

- Les rencontres synchronistiques et les tricksters sont des occasions de « décapsuler » notre génie vocationnel.

4. Les provocateurs de vocation

Chapitre 6
La difficile danse avec soi-même ; l'inattendu en soi

Il faut apprendre ses langues intérieures, car une grande partie de la vie se passe entre soi et soi-même.

JEAN-LOUIS SERVAN-SCHREIBER

*L'homme est comme une noix,
il doit être cassé pour être découvert.*

KHALIL GIBRAN

L'inconnu dont on devrait avoir le plus peur, on l'habite.

GILLES VIGNEAULT

À Washington, dans la salle Regency du Shoram Hotel où je me trouvais, plusieurs milliers de psychologues venus des quatre coins du monde étaient réunis pour participer au plus important congrès de psychologie des États-Unis. Nous nous trouvions à l'endroit même où, quelques années plus tôt, lors de sa soirée d'inauguration, l'ancien président des États-Unis Bill Clinton avait fait danser ses convives avec son saxophone.

Sur l'immense scène, une femme s'avança. J'étais, fidèle à mon habitude, à l'extrémité de la salle, dans le coin gauche, à quelques mètres de la porte de la cuisine. Je pouvais entendre les cuistots préparer le repas qui allait suivre, mais il était encore trop tôt pour se mettre à table. La visite de cette femme était inattendue et je commençais à me douter que quelque chose allait se passer.

La musique se fit entendre – elle était là pour nous faire danser avant le dîner! Devant son insistance à nous faire bouger, je me suis mis en retrait, concentré sur mon corps que j'ai toujours trouvé trop grand pour le faire bouger devant tout le monde. J'envisageais sérieusement d'aller couper les carottes ou laver la vaisselle avec les cuisiniers de l'hôtel pour échapper à cette danse.

Je dois avouer que j'ai une peur terrible de danser. Alors que dans ma tendre enfance je m'amusais à tourner en rond comme les derviches tourneurs, ou que je pouvais simuler les déhanchements d'Elvis sans tenir compte des rires des autres, arrivé à l'adolescence, je pris l'habitude de me cacher lorsque la musique débutait. Mais cette femme trickster m'invitait à revisiter ma peur. La peur de quoi, au juste? Du ridicule? D'avoir l'air fou? L'envie me prit de respirer un peu de cet air fou et je commençai à bouger timidement devant la porte de la cuisine, sous le regard amusé des cuistots. Seul au début, puis en rejoignant les autres, regroupés d'abord par pays et suivant le mouvement de leur drapeau, puis par continent, et finalement avec tout le groupe, qui devint alors comme une immense vague.

Cette femme trickster nous demanda de franchir les frontières et de progressivement nous approcher des milliers de participants dans cette immense salle de bal. Je me connectai à un mouvement universel. La sensation était sublime. Ma peur s'évanouit. Jamais je n'avais dansé véritablement et voilà que je dansais avec plus de 3000 personnes comme si j'étais seul dans mon salon.

J'ai bien fait de rester ce soir-là, car, après cette danse inattendue et libératrice, j'ai fait l'une des rencontres les plus déterminantes des dix dernières années, en ce qui me concerne. J'assistais au dîner-conférence de David Whyte, dont j'ai parlé plus tôt. Ses mots m'ont touché ce soir-là comme jamais. Il m'a permis, comme seuls les poètes savent le faire, de me remettre à bouger un peu plus librement dans ma vie.

Le divorce avec soi

En ce début de siècle, on nous fait miroiter des forfaits tout-inclus vers le bonheur. On nous vend l'idée que nous devons continuellement être dans la lumière, penser positif, communiquer parfaitement, exprimer nos émotions, nous aimer et réussir tout ce qu'on entreprend. En lisant ou en écoutant tous ces gens, je ressens une profonde fatigue. En fait, on entend partout que l'on doit être une foule de choses sauf être humblement et courageusement soi-même.

Comme l'écrit Alain Ehrenberg dans *La fatigue d'être soi*, l'homme moderne est devant une double contrainte : d'un côté, il est libre de créer sa vie à sa guise, de s'autoguérir, de contrôler ses relations, de choisir le métier qu'il veut, mais, de l'autre, il doit tout réussir !

Le philosophe Vincent Cespedes, quant à lui, appelle cette mode, qu'il décrit comme une doctrine – un peu comme le capitalisme ou le marxisme – «bonheurisme». Ce «devoir» de bonheur a aussi été souligné par Pascal Bruckner dans son livre *L'euphorie perpétuelle*. On assiste présentement à une certaine moralisation du bonheur. Le bonheur est vendu comme un vêtement prêt-à-porter, comme une image sociale, un symbole de réussite personnelle, et le malheur comme un vêtement troué qui révèle la « pauvreté psychique[8] ».

L'identité virtuelle

Cette pression qui nous pousse continuellement à être autre chose que nous-mêmes nous vient peut-être en partie de notre environnement technologique. De nos jours, il faut constamment mettre à jour nos programmes informatiques et nos appareils pour les rendre plus performants. Notre vision idéale de soi est ainsi conditionnée en partie par notre rapport aux technologies, qui exercent une pression énorme sur nous. Le virtuel, du latin *virtus,* qui signifie « en puissance », nous incite à voir ce qui pourrait être plutôt que ce qui est réellement.

Ainsi, nous avons du mal à prendre les choses ou les gens tels qu'ils sont, voire à inattendre. C'est l'un des effets collatéraux de notre culture virtuelle. Nous « virtualisons » tout : notre rapport à nous-mêmes, au monde et aux autres, regardant toujours ce qu'ils ou elles « pourraient être » et perdant de vue ce que nous sommes et ce qu'ils sont réellement.

Cette attitude affecte considérablement nos conversations avec la vie et les autres, mais surtout avec nous-mêmes. Nous communiquons avec ce que nous pourrions être, avec ce que l'autre pourrait être, plutôt que de faire face à ce qui est. Une conversation réelle invite à bouger et parfois à laisser de côté notre confort pour épouser l'inattendu. Elle commence lorsque ce que nous ignorons de nous-mêmes accepte de rencontrer ce que nous ignorons de l'autre.

---

8.   À la fin d'une conférence, un homme est venu me qualifier de psychologue « démoralisant ». Je crois que cela me caractérise très bien et qu'effectivement il faut « dé-moraliser » le bonheur...

Quel langage utilisez-vous pour parler avec vous-même ?

Mon travail de psychologue m'a conduit à porter une grande attention aux mots et au langage que l'on utilise pour converser avec la vie et avec nous-mêmes. Je demande ainsi aux gens qui viennent me consulter, symboliquement bien sûr, de « tirer la langue ». Ainsi, je peux percevoir toutes sortes de « bactéries » dans leur imaginaire. J'y vois comment ils ont du mal à converser avec leur « langue propre », avec cette poésie toute naturelle de l'enfant qu'ils ont été. Et si je m'intéresse tant au langage, c'est qu'il conditionne très sournoisement notre façon d'être en cette ère technologique et virtuelle. Cette intrusion se fait dans tous les secteurs de la vie, et ce, même dans les sciences humaines et l'industrie du développement personnel.

Durant les années 1940, Victor Klemperer a analysé les discours faits par les nazis pour faire passer leur message à la population allemande et a découvert qu'il était aussi teinté de cette quête de perfectionnisme. Il a d'ailleurs dit : « Les mots peuvent être comme des petites doses d'arsenic. On les avale sans prendre garde, ils ne semblent faire aucun effet. Et voilà qu'après un certain temps l'effet toxique se fait sentir. »

Quels mots vous mènent à vous faire la guerre, à divorcer de vous-même ? « Contrôle de soi », « compétence émotionnelle », « savoir-être », « mieux-être », « perfection », « contrôle, pureté de la race émotionnelle », « génocide des mauvaises pensées », « mise à jour de soi-même » ? Ce langage contribue en bonne partie, selon moi, aux attentes énormes que nous avons envers nous-mêmes et à notre sentiment d'incompétence d'être tels que nous sommes.

J'ai attiré mon cancer...

Un autre conditionnement qui revient dans nos conversations avec nous-mêmes, c'est toute la question du mérite. « Je ne mérite pas d'être aimée »; « J'ai ce que je mérite »; « J'ai attiré mon cancer »; « C'est de ma faute si je suis tombé malade »; « C'est de ma faute si j'ai eu tel accident »; « La vie m'a puni »; « J'ai attiré cela par mes mauvaises pensées »; « Si je suis déprimé, on ne peut pas m'aimer », etc. Cette vision, qui est d'ailleurs un vestige souterrain de notre héritage religieux, est à mes yeux très limitée. Elle est à la base de la grande colère que nous pouvons entretenir contre nous-mêmes, car la haine de soi prend racine dans le sentiment que la vie nous punit pour nos actions.

Considérez-vous vos maladies comme des punitions ? Voyez-vous vos malchances comme des sentences de prison ? Lorsque vous vous sentez coupable, avez-vous des avocats pour prendre votre défense ? Les avocats de la défense des droits de la complexité humaine sont les poètes. En ce sens, ils sont essentiels à notre monde pour enrichir la psychologie. Ils ne nous expliquent pas comment nous devons être, ni ce que nous devons faire. Ils n'éliminent pas la complexité du monde. Ils favorisent plutôt la rencontre réelle avec ce que nous sommes. Les poètes nous invitent à examiner de plus près les mots qui dictent notre vie. Ils nous aident à franchir le pont de la culpabilité pour atteindre la responsabilité. Une juste poésie dans la conversation que nous avons avec nous-mêmes et la vie nous permet d'étendre notre langage pour embrasser un peu d'incertain et épouser les courbes nécessaires de nos transformations.

À quelle époque vivez-vous avec vous-même ?

Les attentes et les idéaux que nous entretenons face à nous-mêmes ne nous aident pas à épouser les âges de notre vie. Nous vivons souvent des années dans le futur ou dans le passé. Lorsque la courbe du temps nous rattrape, le choc est parfois brutal.

Notre langage nous permet-il de converser avec ce que nous sommes réellement aujourd'hui ? Vivre avec notre âge, c'est peut-être le plus beau présent que l'on puisse offrir à notre avenir. Vivre avec son temps, c'est vivre en coïncidence avec le temps et sortir des diktats imposés par les autres. Nous devons nous rencontrer à tous les stades de notre vie. Comme l'écrit Jung, qui était probablement l'un des plus grands poètes de la psychologie : « Nous nous rencontrons maintes et maintes fois sous mille déguisements sur les chemins de la vie. » Notre langage nous permet-il de converser avec ces différents stades ?

En ce sens, la quarantaine est un lieu privilégié pour se rencontrer de l'intérieur, s'inattendre et rencontrer des parties de nous-mêmes jusque-là inconnues. Alors que le corps et les muscles commencent à montrer des signes du temps, la quarantaine est une invitation à mettre de l'avant les muscles intérieurs, de faire faire de l'exercice à notre imagination, muscle qui nous permettra d'avancer dans le temps et de visualiser tous nos possibles pour nous lier d'amitié avec nos identités futures.

À quel endroit se trouve ton « toi » ?

Être en relation avec soi, c'est vivre sous un certain toit, celui de son corps, avec tout son lot d'imprévus et d'inattendu. Alors que très souvent nous habitons sous le « toi » des autres, dans la tente des autres, comme je le mentionnais précédemment, la vie nous pousse continuellement à habiter avec soi. Autrement, notre corps ne nous appartient pas, il est prisonnier de la salle d'attente des autres. C'est ce que j'éprouve personnellement lorsque je me laisse envahir par ma peur de danser et que je deviens prisonnier du regard des autres. Nous sommes ainsi souvent les locataires permanents des désirs des autres pour satisfaire un désir inconscient d'être aimé, au point de revenir parfois en nous avec un profond sentiment d'étrangeté.

Comment épouser les grandes forces de vie qui vont traverser notre corps tout au long de notre danse avec nous-mêmes ? La vie nous fait trembler dans ce corps à tous les âges, et tout l'art de l'inattendu consiste à habiter ce changement. Comme le dit Robert Louis Stevenson : « Le corps est une maison aux fenêtres multiples où nous sommes assis à la vue des passants que nous supplions de venir nous aimer. »

Que faites-vous de l'étrange en vous ?

Quel jeu avons-nous, entre nous et nous-mêmes, dans la construction de notre identité ? Alors que l'enfant joue avec ses rôles, nous ne tolérons pas beaucoup de jeu dans nos rôles. Nous avons tendance à nous prendre très au sérieux une fois adultes. Les enfants, au contraire, ont la capacité de ne pas se prendre trop au sérieux. Le trickster, lorsqu'il nous pousse à jouer avec notre identité, nous aide à reconnaître qu'elle est perméable, comme lorsque nous étions enfants, alors que nous devenions cowboy puis cheval le temps de le dire.

Que savons-nous vraiment de ce que nous sommes ? Quelle place laissons-nous à l'inattendu et à l'étranger en nous ? Un étranger vient de loin. De même, il arrive souvent que des parties de nous semblent venir de loin parce qu'elles ont été refoulées trop longtemps. Le trickster (personne ou événement) met du jeu dans notre rapport avec nous-mêmes et favorise le jeu dans notre « projet soi », notre identité.

Le « projet soi »

Tôt ou tard, la vision idéale de soi sera confrontée à l'inattendu du trickster par la maladie, les épreuves, l'humiliation. Pour ma part, alors que je découvrais le « projet Jean-François Vézina », à l'adolescence, je faisais aussi connaissance avec ce corps et cette identité qui allaient être miens. J'ai passé des heures et des heures à surveiller les points noirs et les boutons que me lançait la vie au visage et qui ont laissé leurs traces.

Nous avons tous et toutes des rencontres parfois difficiles avec certaines régions de notre corps. Le trickster de mon idéal, celui qui m'a permis de mettre du jeu dans ma vision parfaite de moi-même durant l'adolescence, fut l'acné. Heureusement, ma vie n'était pas menacée – comme avec certaines maladies –, à part peut-être par les idées suicidaires qui découlaient de mes ruptures amoureuses, que j'attribuais naturellement à cette « cause » plutôt que de faire face à l'incertain de l'espace amoureux.

J'ai eu de la chance à ce jour avec le projet « Jean-François Vézina », car il n'a été menacé véritablement par la maladie que tout récemment, alors que je me suis retrouvé dans la salle d'attente d'un hôpital à cause d'intenses maux d'estomac. Les salles d'attente des hôpitaux sont aujourd'hui des jardins d'angoisse, mais *Les fleurs du mal,* de Baudelaire, le premier livre que j'ai acheté sur mon iPad, a quand même réussi à me calmer un peu.

Après une nuit complète d'examens de toutes sortes, comme aucun médecin ne pouvait mettre de mots sur mes maux, dans l'incertitude la plus totale, j'envisageais tous les possibles, et surtout les plus terribles, pensant à mon enfant, à ma conjointe et à tout ce que je devrais abandonner si l'inattendu s'avérait plus grave. Heureusement, j'ai eu de la chance. Ce n'était qu'une appendicite.

La visite inattendue de maladies plus graves, comme le cancer, qui joue souvent le rôle du trickster, oblige à mettre du mouvement dans son identité. Je pense ici particulièrement à mon collègue Guy Corneau, qui a voué une partie de sa vie au bien-être et à la guérison, qui a été ironiquement frappé par cette terrible maladie et qui a eu le courage d'accepter avec humilité cette épreuve dont il s'est sorti. *Revivre!,* qui en raconte l'histoire, est l'un des livres les plus touchants qu'il ait publié.

Dépendanser ?

L'inattendu n'est pas toujours facile à accueillir dans la danse avec nous-mêmes. Mais peut-être que le lieu de rencontre le plus déstabilisant avec l'inattendu est celui de nos désirs, surtout lorsqu'ils prennent la forme d'une dépendance.

Qu'est-ce qu'une dépendance ? Tout d'abord, disons que nous sommes dépendants des émotions, et non des gens ou des choses. Être prisonnier d'une dépendance, c'est chercher à ressentir certaines émotions. En ce sens, notre société, qui carbure aux émotions fortes, est un terreau fertile pour cultiver nos dépendances. Le rôle essentiel des émotions est d'informer de l'état des besoins et des désirs. Par exemple, la peur informe directement d'un besoin de sécurité. Mais nous pouvons rester accrochés au sentiment d'insécurité qui nous est souvent paradoxalement connu, qui devient une dépendance, et délaisser la satisfaction du besoin sous-jacent.

Avoir une dépendance, c'est donc essentiellement être face à une émotion qu'on n'arrive pas encore à reconnaître ou à relier à un besoin ou à un désir. Une dépendance est ainsi un peu comme un monstre ou un dragon qui tente de nous faire comprendre ou de nous montrer quelque chose. La source de la dépendance, soit le besoin ou le désir sous-jacent, est difficile à identifier, car nous la jugeons souvent. Elle est mal-aimée, non reconnue, comme nos monstres et nos dragons intérieurs.

Avoir une dépendance, c'est en d'autres mots aimer profondément quelque chose qui nous fait peur, qu'on condamne ou qu'on ne s'autorise pas. Alors, l'émotion dont on dépend prend des proportions « monstrueuses », jusqu'à devenir une obsession.

Les dépendances sont des invitations à faire face et à reprendre la conversation avec les besoins et les désirs cachés et non reconnus afin de trouver un moyen acceptable de s'en occuper, de les « dépendanser ».

Dépendanser, c'est remettre un peu de jeu dans nos désirs tout en respectant le fait que ceux-ci seront toujours plus forts que nous. Nous pouvons combattre la dépendance et sombrer encore plus dans l'autodestruction, ou danser avec elle, dépendanser.

Dépendanser, c'est en essence l'action consciente et consentie de dépendre. C'est être en relation avec la musique de l'inconscient et de ses désirs, et leur donner une voie créative plutôt que destructive.

Il est toujours préférable de ne pas s'opposer à nos opposés. Une danse est un partage de forces. Dépendanser, c'est entrer en conversation, accepter d'être versé avec les forces de vie.

Il y a lieu, selon moi, de revoir notre rapport au mot « dépendance », qui a mauvaise presse de nos jours, comme un monstre ou un dragon qui fait peur. Plus nous condamnons la dépendance au profit de l'indépendance et de la toute-puissance du soi, plus nous sommes rattrapés par notre ombre. En l'acceptant, nous pouvons diminuer le taux de divorce avec nous-mêmes et peut-être aussi le nombre trop élevé de gens qui souffrent de dépendance, alors que la société privilégie tant l'autonomie.

Dépendanser, c'est danser et converser franchement avec ces désirs qui nous font bouger dans tous les sens, qui risquent même de nous faire tomber. Nous pouvons certes essayer d'être plus forts que la vie et ses forces millénaires, mais nous ne pourrons jamais rivaliser avec les cailloux, champions de l'indépendance dans la nature.

Je pense ici à une cliente, que j'appellerai Louise, qui réprimait constamment un besoin d'attention, se croyant plus forte que ce besoin.

Louise avait tendance à juger son besoin d'attention, car, durant toute son enfance, sa sœur tentait toujours de capter toute l'attention, ce qui l'avait profondément blessée, au point de s'effacer et de réprimer ce besoin qu'elle considérait comme monstrueux.

Un besoin de reconnaissance que l'on ne « reconnaît » pas se transforme en attente démesurée envers l'autre, surtout en amour. Louise s'est d'ailleurs toujours intéressée à des hommes non disponibles, qui lui permettaient de passer outre son besoin d'attention et dépendre plutôt d'un sentiment certes inconfortable, mais au moins connu, celui du rejet.

Elle découvrit qu'une partie de la solution résidait dans la reconnaissance de ce besoin d'attention et des moyens qu'elle avait mis en place pour l'oublier. Elle a progressivement remis dans sa vie tous les choix qu'elle reléguait habituellement dans l'ombre pour éviter de satisfaire son besoin d'attention, ce qui

lui permit de retrouver une nouvelle énergie et de mieux dépendanser avec ses émotions et ses besoins.

L'épreuve du contraire et l'arbre des désirs

Dépendanser, c'est aussi mettre du mouvement entre nos peurs
et nos désirs, qui sont les deux faces d'une même médaille.
Ainsi, beaucoup de nos désirs non reconnus cachent des peurs.
Par exemple, entre la peur de déranger et le désir de ne pas
déranger, il n'y a souvent qu'un pas. Le vertige, lui, est un
mélange entre la peur et le désir de tomber.

Ainsi, une bonne façon de connaître nos peurs est de les
transformer en désirs. L'histoire suivante, qui m'a été racontée
par mon collègue et ami Yvon Rivière, illustre bien la danse
éternelle des peurs et des désirs.

*Un homme entendit parler d'un arbre qui pouvait réaliser
tous ses désirs. Il parcourut inlassablement le monde à sa
recherche puis, vers la fin de sa vie, trouva enfin cet arbre
magique. Il formula alors le désir de retrouver sa jeunesse. Aussitôt dit, aussitôt fait, il retomba dans le corps de sa jeune vingtaine.
Il formula ensuite le désir de devenir le plus riche du royaume.
Aussitôt dit, aussitôt fait, une pluie d'or le recouvrit totalement.
Mais il se mit à craindre les voleurs et se dit : « Mais si des voleurs
venaient à me trouver ? » Aussitôt dit, aussitôt fait, une poignée
de voleurs l'attaquèrent, et lui volèrent son or et sa vie...*

J'ai découvert que ma peur de danser cachait en fait un
immense désir de bouger librement. Ainsi, je n'ai pas tant peur
de danser que de mon intense désir de me laisser aller. Ma peur
de danser révèle ainsi mon désir d'exprimer ma folie refoulée
dans la peur des faux pas. Regarder de l'autre côté des « faut pas »
permet de rencontrer l'inattendu en nous, de remettre la vie en
mouvement, de s'ouvrir à tout un monde nouveau, de redonner à
notre œil sa nature sauvage et de retourner dans le courant naturel de la vie, qui danse continuellement avec ses contraires.

Redonner à l'œil sa nature sauvage

En écrivant ces lignes et en terminant ce chapitre, l'image du tout premier regard que m'a lancé mon enfant refait surface en ma mémoire. Je n'ai jamais été aussi inquiet de toute ma vie que durant cette froide nuit de janvier où elle est née. Tout pour moi était nouveau et inattendu dans cette expérience. Il faut dire que la conversation avec la vie de mon enfant a commencé dans un certain chaos. Le travail a été long et fastidieux pour ma conjointe, et à un certain moment, le signal d'alarme de l'unité de naissance de l'hôpital s'est fait entendre. Ma fille avait du mal à sortir.

J'étais complètement impuissant et vulnérable. Puis, elle est finalement sortie. Son premier cri restera à jamais gravé dans ma mémoire, mais ce qui m'a le plus touché fut de voir sa petite bouche sans dents – on naît sans dents, c'est une évidence pour la plupart d'entre vous, sûrement, mais moi, j'avais oublié à quel point les êtres humains sont vulnérables à leur naissance, sans rien pour se défendre contre la vie. Son bras droit blessé pendait le long de son corps, à cause d'un plexus brachial lors de sa sortie difficile.

Je vécus le moment le plus intense de cette première rencontre avec ma fille dans le corridor la conduisant à l'unité intensive. Elle était emprisonnée dans un incubateur et bougeait à peine, mais elle a ouvert ses petits yeux et a regardé dans ma direction. Je ne peux décrire ici l'émotion éprouvée à la vue de ce premier regard. J'étais totalement impuissant à la consoler, mais comme je ne pouvais la toucher, je la prenais dans mes bras avec mes yeux. Même si je savais que ses petits yeux bleus ne « voyaient » pas encore le monde, j'ai senti une connexion avec la vie. Ce premier regard m'a fait voir le monde d'une façon totalement nouvelle. Si j'ai passé tant d'années à me questionner sur le sens des rencontres qui nous transforment, ce soir-là, je savais à l'intérieur de moi que ma vie venait de changer. Mon monde ne serait plus jamais le même.

Ce premier regard sur la vie est un cadeau précieux qu'il est essentiel de garder toute notre vie. C'est cette leçon que m'a donnée ce premier regard teinté d'impuissance et de vulnérabilité. La nature en a produit, des yeux, depuis que le monde est monde, mais ce petit œil frais que j'ai regardé peu après sa naissance, cet iris qui a laissé passer un peu de lumière dans ce corridor sera toujours la marque d'originalité de ma petite fille.

Le contour de cet œil se plissera, le corps de ma fille évoluera et se transformera, mais la forme de son iris sera toujours la même. Je sais qu'un jour ses yeux tomberont sur son corps, qui conversera avec elle aussi, qu'elle lui fera peut-être la guerre, comme je l'ai faite à mon corps, qu'elle sera peut-être prisonnière de la grande dictature de l'image, mais il y aura toujours cet œil frais en dessous des apparences. Cette fleur sortie du néant et le mystère de cet iris ne changeront jamais.

Ainsi, redonner à l'œil sa nature sauvage, c'est voir la vie comme au premier jour. C'est revenir à ces premiers moments où la vie a commencé sa conversation avec nous, alors que nous étions pleinement disponibles, au sommet de notre vulnérabilité.

Être vulnérable

La vulnérabilité n'est pas une faiblesse, elle nous met en relation avec le monde, comme au début de notre conversation avec la vie. Dans la danse avec l'autre, avec notre vocation et avec toutes nos futures identités à venir, nous devons garder un œil sur cette essentielle vulnérabilité. Ainsi, comme le dit un proverbe irlandais: «Travaille comme si tu n'avais pas besoin d'argent, aime comme si tu n'avais jamais été blessé, et danse comme si personne ne te regardait.»

C'est en acceptant notre originalité et notre vulnérabilité que nous pouvons sortir de la salle d'attente du monde qui nous protège de tout, même de nous-mêmes. Le physicien Richard Feynman a su mettre des mots sur cette idée, il disait: «Vous n'êtes pas responsable de ce que les autres aimeraient que vous fassiez. Je ne suis pas responsable de ne pas être celui qu'ils voudraient que je sois : c'est leur erreur, pas la mienne. »

10. Questions pour bouger :

- À qui ou à quoi donnez-vous du pouvoir dans votre vie ?

- Après quoi ou après qui attendez-vous le plus ?

- Comment jouez-vous avec ce que les autres attendent de vous ?

- Quelles maladies ou humiliations ont mis du jeu dans votre rapport à vous-même ?

9. Inattendre avec soi.

- Inattendre avec soi, c'est être curieux de l'inconnu qu'il y a en nous au lieu d'en avoir peur.

- Inattendre avec soi, c'est être tendre et tolérant avec nos extrêmes, au lieu de les combattre.

8. La nature sauvage de l'œil

- La vulnérabilité est une faculté de relation au monde.

7. L'arbre des désirs

- Tout désir est l'opposé d'une peur et toute peur l'opposé d'un désir.

- Il est toujours préférable de ne pas s'opposer à ses opposés.

6. Dépendanser.

- Dépendanser, c'est bouger dans le sens de nos désirs.

- Dépendanser, c'est transformer nos combats contre nos désirs en danse.

- Dépendanser, c'est cesser de vouloir contrôler nos désirs pour canaliser leur pouvoir, qui sera toujours plus grand que nous.

Résumé du chapitre 6

1. Le génie poétique

- Le génie poétique d'une personne est sa façon originale de bouger et de converser avec la vie.

2. Divorcer de soi-même

- La relation avec soi est mise en péril par nos attentes et la « virtualisation » du monde.

- Virtualiser, c'est voir la réalité telle qu'elle « pourrait être » au lieu de telle qu'elle est réellement.

3. Notre langage

- Nous avons tendance à converser avec nous-mêmes dans un langage étroit qui perd de sa poésie avec l'âge.

- Nous conversons rarement dans notre propre langage, celui qui est particulier à chacun.

5. La musique de l'inconscient

- Les désirs qui poussent en nous sont millénaires. Ils seront toujours plus forts que nous.

- Une émotion indique l'état d'un besoin ou d'un désir. Une émotion négative indique l'insatisfaction, une émotion positive la satisfaction.

- Il y a dépendance lorsque le signal entre les émotions, les besoins et les désirs est coupé, lorsque la recherche intensive de l'émotion détruit la relation au besoin ou au désir sous-jacent.

4. Les tricksters « inter-rieurs »

- Le trickster (événement ou personne) vient assouplir notre idéal identitaire.

- Les maladies, les chocs de vie, les rencontres synchronistiques et les humiliations peuvent porter la dynamique chaotique du trickster.

Chapitre 7

Les tricksters de société ; pour sortir de la salle d'attente du monde

Je ne suis pas fou. Je m'intéresse à la liberté…

Jim Morrison

Développez votre étrangeté légitime.

René Char

À l'été 1965, à Venice Beach, en Californie, une rencontre allait changer complètement la face de la musique. C'est là que Jim Morrison chanta pour la première fois *Moonlight drive* à Ray Manzarek, le futur claviériste du groupe The Doors, faisant sortir le génie de sa bouteille et influençant toute une génération, et même plus. Encore aujourd'hui, de nombreuses personnes s'inspirent du chemin tracé par cet artiste pour explorer les limites de la liberté artistique.

De cette plage californienne au 17, rue de Beautrellis, à Paris, quelques années plus tard, la vie de ce shaman, de cet explorateur de l'incertain qu'a été Jim Morrison, a été placée sous le signe du chaos. Il a incarné l'autre côté de la vie bien rangée que mènent la plupart des gens. En tant qu'ambassadeur d'Hermès, il a testé les frontières de la réalité tout au long de sa vie. Celui qui chantait *Break on through to the other side* a aussi eu son lot de démêlés avec la loi, tout comme Hermès avec son père, Zeus. Le premier geste illicite d'Hermès a été de voler des bœufs, Morrison, lui, vola le casque d'un agent de police à la fin de son adolescence. Puis, à Miami, en 1969, il tenta d'exhiber son sexe, comme le trickster dans plusieurs de ses représentations à travers la mythologie, indiquant ainsi sa démesure et sa sexualité débridée. Il fut d'ailleurs accusé pour ce geste, forçant les Doors à annuler leur tournée cette année-là. Cette phrase de Morrison résume bien son association avec Hermès : « Je suis un être humain sensible et intelligent affligé d'une âme de clown qui me force toujours à tout gâcher aux moments les plus importants. »

Le lien avec Hermès se fait surtout sentir dans le choix du nom de son groupe de musique. Tiré d'un poème de William Blake, *Les portes de la perception,* le nom The Doors n'aurait pas pu être mieux choisi pour représenter les couleurs de l'archétype. Morrison a été l'un des plus grands « testeurs de frontières » que le monde artistique ait connu, il est allé au bout de son génie et en a payé le prix lorsque la mort est venue frapper à sa porte à l'âge de 27 ans – comme ce fut le cas des Janis Joplin, Jimi Hendrix, et plus récemment Amy Winehouse.

Le trickster (ou provocateur) de société

Certaines personnes ont le rôle, dans la société, de déplacer les frontières et d'en faire découvrir de nouvelles. Plusieurs d'entre elles sont considérées comme ayant un trouble de personnalité limite, ou encore comme étant folles, mais elles sont pourtant essentielles à la vitalité de la société, comme l'était le shaman dans les sociétés amérindiennes, par exemple, qui valorisaient beaucoup l'archétype du trickster.

Sur le plan individuel, pour découvrir les frontières dans notre vie, il nous faut vivre des situations qui nous propulsent en dehors de celles-ci. Ce sont les événements inattendus et extraordinaires qui nous font découvrir nos limites et la valeur des choses. Collectivement, pour connaître nos frontières, il nous faut aussi rencontrer des êtres qui vont les explorer, souvent à leurs risques et périls, et nous sortir de nos zones de confort.

Les tricksters de société osent déplacer les frontières intérieures et sociales. Ils renversent nos certitudes et nous aident à sortir du cadre et de la grande salle d'attente du monde.

L'une des caractéristiques essentielles d'un trickster de société est la provocation – le mot « provoquer » est issu du latin *provocare (pro* signifie « en avant » et *vocare* signifie « appeler »). Les tricksters de société sont souvent des artistes qui nous font avancer en nous montrant nos frontières. Pour qu'un provocateur soit considéré comme un trickster, il doit mener à la transformation, nous aider à étendre notre conversation avec la vie, non pas seulement chercher à insulter ou à semer la controverse pour attirer l'attention – il empêcherait alors de converser avec les possibilités. Ces faux tricksters provocateurs sont faciles à repérer. Les vrais provocateurs sont totalement affranchis des attentes de leur public.

Un artiste qui porte la dynamique du trickster ouvre des portes, explore des horizons nouveaux, nous aide à étendre notre perception du réel et nous pousse à bouger. Grâce à la liberté qu'il se donne pour créer, à son indépendance envers la salle d'attente du monde et des consommateurs, il nous redonne accès à notre âme. Il rompt avec les codes. Il nous rejoint de l'intérieur, là où on ne l'attend pas – il est justement un génie de l'inattendu.

Les vrais tricksters de société sont rares, puisque la société de consommation nous a habitués à avoir peur d'être déçus lorsque nous « consommons » de l'art. L'artiste que l'on « consomme » doit répondre à nos attentes.

Hermès, comme je l'ai déjà mentionné, est traditionnellement celui qui introduit la culture dans une société, il est en dehors des lois de la rentabilité. Étant aussi amoral, il nous invite à redéfinir la moralité par ses comportements souvent provocateurs. C'est à ce prix qu'il peut introduire de la nouveauté et déplacer nos frontières.

Rappelons aussi qu'Hermès aurait, selon les Grecs, introduit le premier instrument de musique, allumé le premier feu, exécuté la première danse et chanté la première chanson, en plus de donner la parole à Pandore, et par le fait même la capacité de tromper avec les mots, par la poésie. Les tricksters sociaux sont, comme lui, souvent associés au monde des arts et de la culture.

Les tricksters provocateurs nous obligent à voir ce qu'il y a derrière les apparences et les limites de notre monde. En émergeant dans le génie du moment opportun, ils s'apparentent aux grandes rencontres synchronistiques qu'une société devra vivre pour se dépasser et se réaliser pleinement.

Les sociétés rencontrent donc de temps en temps des êtres qui vont les pousser à explorer leurs frontières et à les faire bouger. Comme l'écrit Lewis Hyde dans son remarquable livre *Trickster made our worlds:* « Par leur excentricité espiègle et leur exubérance, ces tricksters spirituels servaient à affranchir les autres de leurs illusions, de leurs inhibitions, de leur moralité illusoire, de leur complaisance – bref, de tous les carcans inventés par l'esprit. »

Quelques exemples non exhaustifs

Le danger étant toujours de stéréotyper l'archétype, sans en faire une liste exhaustive, voici quelques exemples de tricksters provocateurs. J'ai pu d'ailleurs enrichir cette liste grâce à une belle coïncidence. Je suis en effet tombé par hasard sur le *Dictionnaire des provocateurs* de Thierry Ardisson, Cyril Drouhet et Joseph Vebret pendant l'écriture de ce chapitre. La populaire émission *Tout le monde en parle*, créée par Ardisson, met d'ailleurs en scène au Québec l'archétype, à travers la figure du fou du roi.

La musique est l'un des canaux favoris du trickster. Ainsi, Elvis Presley, qui, avec ses déhanchements, a fait bouger toute une génération, a été un trickster avant d'être rattrapé par la salle d'attente du monde. Il fut l'un des plus grands danseurs de l'après-guerre – et aussi l'une des idoles de Jim Morrison. La musique ne fut plus jamais la même après lui.

John Lennon est aussi un exemple de trickster, son génie musical a rencontré celui des autres Beatles. Le génie n'apparaît jamais seul ; il est le fruit d'une confluence de courants. Lennon a eu ses heures de provocateur, notamment lorsqu'il a comparé les Beatles à Jésus-Christ. Ceux-ci avaient en effet presque acquis le statut de dieux vivants à leur époque où la religion commençait à perdre de son pouvoir au profit de nouvelles idoles : les artistes.

Serge Gainsbourg est l'un de ceux qui a incarné le côté plus sombre du trickster, notamment en brûlant un billet de 500 francs à la télévision. Il n'était pas loin du personnage du Joker, que nous avons vu précédemment. Toute sa vie a été marquée par la contestation et le refus de l'ordre établi. Il disait d'ailleurs, en bon trickster : « Je connais mes limites. C'est pourquoi je vais au-delà. »

Georges Brassens, avec sa poésie subversive, continue toujours de nous émouvoir et de nous réconcilier avec nos contradictions. La désobéissance et l'irrévérence de ce fou du roi font de lui un bon exemple d'artiste trickster, tout comme Boris Vian, qui proclama également son refus de l'ordre établi à travers son génie musical et sa trompette digne de la lyre d'Hermès.

Au Québec, Jean Leloup porte bien ses attributs. Il crée et joue de la musique simplement pour le plaisir. Il est complètement étranger à la salle d'attente du monde, et pourtant il arrive à combler les attentes et à nous toucher là où peu d'artistes se donnent le droit d'aller. Il transpire le droit d'être et le droit à la folie.

Du côté féminin, les tricksters provoquent notamment par leur sexualité débridée et leur humour sarcastique. L'auteur Ricki Stefanie Tannen, dans son livre *The Female Trickster,* propose Madonna, qui a joué sur les pôles et les ambivalences sexuelles, et les femmes de la série *Sex and the City* comme incarnations de cet archétype. Nous pouvons aussi ajouter Lady Gaga, qui déclarait avec lucidité: « Je sais que les gens attendent de moi que je tombe et c'est ce que je vais faire. » Elle inspire ainsi toute une génération à se donner le droit de tomber, à se donner le droit à l'imperfection, dans la veine de la liberté d'être propre au trickster.

Les tricksters dans la littérature

La littérature et la poésie sont aussi des lieux privilégiés pour les tours et les retournements des tricksters. Rimbaud est un bon exemple de trickster. Il a été celui de Verlaine et d'un nombre impressionnant de poètes et musiciens modernes.

Tout le mouvement de la Beat Generation, avec entre autres Jack Kerouak, le seigneur des routes, porte aussi sa marque. Henry Miller, qui a initié la révolution sexuelle, avait une énergie typiquement tricksterienne. La sexualité a été de tout temps une borne kilométrique permettant d'établir les limites d'une société. Les artistes tricksters interviennent donc fréquemment autour de cette frontière. Milan Kundera a lui aussi quelque chose de l'archétype, avec ses livres qui abordent notamment les thèmes du hasard, du sexe, des rencontres et de l'humour.

Romain Gary, grand voyageur et ambassadeur, est en ligne directe avec le jeu et les mensonges d'Hermès, notamment avec son sublime livre *La vie devant soi*. Il a aussi surpris tout le monde en gagnant une deuxième fois le prix Goncourt.

Les pinceaux d'Hermès

Pour ce qui est des arts visuels, on trouve Salvador Dali, qui a à plusieurs reprises joué avec les limites esthétiques, et Andy Warhol. On a un jour demandé à Warhol : « Feriez-vous le portrait de n'importe qui pour de l'argent ? » Il a répondu : « Oui, et je ferais le portrait de n'importe qui gratuitement aussi. » Il a voulu aller plus loin que l'art comme marchandise en fonçant dans le paradoxe jusqu'à l'épuiser et à nous montrer ses limites. La valeur artistique est aliénée par la valeur marchande, mais Warhol dépassa cette limite et la combattit avec ses propres armes. En osant faire de l'œuvre d'art une marchandise absolue, il a montré un chemin nouveau, une façon originale de lutter contre la consommation en l'utilisant au maximum. Le « pop » du Pop Art de Warhol pourrait représenter le son qu'a fait le génie de ce trickster en sortant de la bouteille de l'inconscient collectif.

Picasso a aussi de très grandes affinités avec l'archétype à travers l'omniprésence de la sexualité dans son œuvre et les nouveaux chemins qu'il a su ouvrir pour toute une génération de créateurs.

Les tricksters au cinéma et au théâtre

Au cinéma, Charlie Chaplin, Peter Sellers ou encore Coluche, le clown provocateur, représentent tous l'archétype du trickster. Plus proche de nous, Fabrice Luchini a quelque chose d'Hermès dans sa façon de manier le génie de la langue et de friser la folie avec génie.

Du côté des cinéastes plus éclatés, Sacha Baron Cohen a donné une forme particulièrement loufoque à cet archétype avec Borat, personnage sexuellement provocateur qui repousse les bornes du bon goût. On trouve aussi des créateurs comme Woody Allen, dont les obsessions sexuelles et l'humour particulier ne sont pas non plus étrangers à la dynamique du trickster.

Michael Moore, qui manipule la vérité pour montrer une réalité plus importante, porte également sa marque. Nous lui pardonnons ses mensonges comme Zeus à Hermès, car son rôle est de nous faire prendre conscience des mensonges plus importants des politiciens. D'ailleurs, j'ai toujours préféré les mensonges des artistes à ceux des politiciens. Les artistes mentent avec beaucoup plus de vérité.

D'autres tricksters

Dans les sciences humaines, Jung est de ceux qui ont porté en partie cet archétype, en plus de l'avoir sculpté dans son jardin sous les traits de Télesphore. Sa confrontation avec son inconscient, son plongeon dans sa propre folie a été et sera pour longtemps une source d'inspiration. Il a su faire reculer les limites de notre connaissance de l'inconscient et nous inviter à l'explorer avec courage.

Dans un autre ordre d'idées, le funambule Philippe Petit, qui a traversé illégalement l'espace entre les deux tours du World Trade Center de New York avant leur chute et nous a donné le sublime film *Man on a Wire*, est aussi porteur de sa dynamique. Après le visionnement de ce film, nous ressentons d'ailleurs un immense désir de faire quelque chose de notre vie – désir typique d'une rencontre avec un trickster –, il redonne de l'âme au monde.

Deux tricksters du monde des affaires

Certaines personnalités du milieu des affaires révolutionnent le monde et nous aident à élargir nos horizons par des moyens non conventionnels. Dans le domaine de l'entreprise artistique, Richard Branson, le fondateur de Virgin, est proche de l'archétype. À l'âge de 16 ans, il fonda son propre magazine étudiant traitant de musique. Comme son école refusait de lui donner accès à un de ses téléphones, il dut utiliser un téléphone public pour contacter ses clients, mais retourna cette situation à son avantage. Pour être pris au sérieux, il faisait semblant d'avoir fait un faux numéro et obtenait ainsi l'opératrice, qui recomposait le numéro et lui repassait ensuite la communication. De cette façon illégale mais profondément astucieuse, ses interlocuteurs avaient l'impression de parler à sa secrétaire personnelle.

Dans le domaine des affaires, Guy Laliberté, le fondateur du Cirque du Soleil et le premier clown à être allé dans l'espace, porte aussi l'énergie typique du trickster et a su saisir les occasions offertes par le hasard et faire confiance à son intuition.

Comment reconnaître le trickster de société

On ne peut jamais réduire une personne à un archétype ; pour reconnaître un trickster, il faut plutôt voir les tendances de la personne à laisser s'exprimer le génie de l'inattendu et à inattendre pleinement toutes les occasions de la vie.

On reconnaît ainsi le trickster de société à sa capacité à nous faire voir ce que nous ne pouvons ou ne voulons pas voir. Il nous inspire à dépasser nos limites par des moyens souvent peu conventionnels, et surtout à nous affranchir des attentes des autres.

Le trickster de société nous permet de retrouver notre humanité, de retomber amoureux de nous-mêmes, et favorise l'acceptation de nos contradictions.

Faire naître du sens, c'est créer un mouvement. C'est pourquoi on le retrouve souvent à l'opposé de nos attentes et de nos codes sociaux. La force d'un trickster est l'inattendu. Plus que de nous émouvoir, son rôle est de nous donner le goût de nous mouvoir, de danser avec nos contradictions.

Quelques indices pour reconnaître un trickster de société :

- Il fascine ou dégoûte.
- Il arrive au bon moment dans l'histoire d'un peuple, un peu comme les synchronicités.
- Il change la société, la fait passer à autre chose et révolutionne son domaine.
- Il émerge souvent en période de crise ou de grande nécessité, épousant la confluence de courants.
- Il nous pousse à rêver plus grand, nous invite à nous dépasser.

Les grandes rencontres au plan collectif

L'un des aspects du génie du trickster de société est sa capacité à apparaître au bon moment, dans une confluence de courants favorable. Son *timing* – en bon humoriste qu'il est – est excellent.

Un bon *timing* est aussi l'ingrédient essentiel d'un coup de foudre culturel. Le trickster de société sait entrer dans nos vies là où on ne l'attend pas, tout en nous donnant l'impression que nous l'avons attendu toute notre vie, exactement comme lors d'un coup de foudre. En ce sens, ce qu'écrit le philosophe Raphaël Enthoven dans son magnifique livre *L'endroit du décor* au sujet du coup de foudre peut très bien s'appliquer au coup de foudre culturel : « Le coup de foudre – quintessence de l'étonnement – est une grâce amphibie, où la nouveauté se double d'une inexplicable familiarité. La violence du choc amoureux provient non pas de l'inédit, mais de l'étrange proximité de celle dont, sans la connaître, on découvre qu'on l'aimait avant de faire sa connaissance. »

Le trickster de société engendre ainsi des coups de foudre dans le noir de notre existence. Il nous aide à remettre du jeu dans nos contradictions et un peu de folie et de poésie dans nos vies de plus en plus mécaniques. Cet artiste ou ce shaman est le véritable prêtre qui nous marie avec la nature essentielle des choses.

Résumé du chapitre 7

- Quels artistes ou personnages publics vous ont poussé à sortir des sentiers battus ?

- Quelles œuvres ou quels objets culturels vous ont poussé à transformer votre vie ?

4. Questions pour bouger :

1. Le trickster (ou provocateur) de société

- Il est complètement détaché des attentes de la société.

- Il nous invite à mettre du jeu dans notre vie et nos attentes.

- Il déplace nos frontières intérieures et sociales.

- Avec lui, les frontières de nos rêves ne sont plus les mêmes. Il nous pousse à rêver plus grand.

3. Reconnaître le trickster de société.

- Il nous donne le goût de danser, de bouger, de sortir des attentes et de la normalité.

- Ses provocations vont au-delà du simple désir d'attirer l'attention par la controverse.

- On le distingue par son détachement des attentes des autres.

- Il éveille en nous un désir de liberté et nous donne le goût d'oser.

- Il nous inspire non pas à faire comme lui, mais à être complètement nous-mêmes. Il nous donne le courage d'assumer notre originalité.

- Par l'acceptation de sa folie, il nous invite à accepter la nôtre.

2. Le rôle du trickster de société

- Il provoque en exprimant des vérités qu'on ne veut pas voir.

- Il a le même rôle que le shaman ou le fou du roi, autrefois.

- Il provoque des coups de foudre culturels. Comme Hermès, il est porteur d'une nouvelle culture.

- Il transforme les vies des individus et la société.

- Il révolutionne son domaine.

Chapitre 8

Converser avec le hasard
et l'inattendu

C'est une triste chose de songer que la nature parle
et que le genre humain n'écoute pas.

VICTOR HUGO

Avec l'âge, l'art et la vie ne font qu'un.

GEORGES BRAQUE

J'étais particulièrement nerveux lors de mon arrivée à l'aéroport de Katmandou, au Népal, avant de prendre le vol qui devait me conduire à ma destination finale, Lhassa. Dans la file d'attente devant moi, un homme s'était fait refuser l'accès à l'avion. Devant les douaniers imperturbables, il avait fait des pieds et des mains, avait multiplié les appels téléphoniques à ses contacts pour qu'ils trouvent une solution, en vain. Son visa chinois, fait aux États-Unis, n'était pas valide. Son voyage s'est donc terminé à l'aéroport.

Le visa est un symbole intéressant. On doit le faire estampiller par les autorités d'un pays pour y entrer, un peu comme nous demandons aux autres de valider notre entrée dans le monde. Nous pouvons rester longtemps prisonniers de ces douanes, dans l'attente qu'un jour quelqu'un nous donne le droit d'exister.

Heureusement, mon visa était valide grâce aux bons conseils de Jung, mon guide népalais, qui me l'avait fait faire sur place avec une partie de l'argent que je lui avais envoyé. Mon investissement initial incertain de mille dollars avait porté fruits. Après un court vol au-dessus de l'Himalaya et du fameux mont Everest, l'avion toucha doucement le sol. J'étais heureux et soulagé de sortir enfin de l'avion pour poser le pied sur ce mythique toit du monde. Il faut dire que tout le long du trajet, le jeune Chinois à côté de moi était continuellement embarqué sur moi, tentant d'emprisonner la beauté de cette immense chaîne de montagnes à l'aide de ses divers appareils numériques.

Aux douanes de l'aéroport de Lhassa, la chasse à d'autres images commença. Les cibles de prédilection des douaniers chinois étaient les images du dalaï-lama, interdites au Tibet. Leurs fouilles ne pouvaient toutefois se rendre jusqu'à mon âme et ils n'ont rien trouvé. C'était tout de même assez révélateur de les voir chercher ces images avec la même rigueur que les traces d'armes ou de drogues. Ils les considéraient même comme encore plus dangereuses.

À la sortie de l'aéroport, alors que je prenais le temps de m'acclimater à l'altitude, mon nouveau guide m'accueillit avec un sourire étincelant et me présenta mon chauffeur privé, qui semblait être en pleine forme. Avec les immenses ravins qui jalonnent ces lieux, je fus rassuré de le voir marcher droit – on m'avait dit que les chauffeurs tibétains étaient très portés sur l'alcool.

Nous avons filé doucement à travers les montagnes et les multiples postes de contrôle qui se trouvaient sur la route. Aux portes de Lhassa, j'aperçus avec horreur une ceinture de béton qui entourait totalement la vieille ville, l'encerclant comme un dragon avec de «monstrueux» centres commerciaux. De ce point de vue, la Lhassa de mes rêves avait l'air aussi fausse que Lobsang Rampa, avec ses magasins de chaussures de luxe, ses bijouteries et ses petits kiosques vendant des moulins à prière en plastique. Elle m'a fait l'impression d'une femme blessée et meurtrie. Elle semblait agoniser lentement, en silence, à l'abri des regards du monde, un peu comme mon âme, que j'avais peut-être aussi négligée au cours des années. À mon arrivée à l'hôtel, j'ai bu l'un des breuvages les plus horribles que j'aie jamais goûté, le fameux thé au beurre de yak que j'avais tant idéalisé durant mon adolescence.

Ainsi, toutes les belles images stéréotypées du Tibet tombaient une à une à Lhassa pour faire place à une nouvelle réalité. Entre la ville que j'avais visualisée et la réalité, tout comme entre la vie idéale que j'imaginais avoir lorsque j'étais adolescent et l'adulte que j'étais devenu, il y avait un monde.

Le dernier soir de mon séjour, avant de quitter la ville, alors que je travaillais sur mon ordinateur au café Lhassa Mayke Ame, à deux pas du Jokhang, mythique temple autour duquel j'avais tourné des jours durant avec des pèlerins venus des quatre coins du pays, Kalsang, une jeune Tibétaine qui était avec des amis à la table d'à côté, m'aborda dans un anglais fragile. Elle était fille de nomade. J'appris que son prénom signifiait «bonne fortune». Déportée de la région de Yomdroke Lake, sa famille avait été entassée dans les bidonvilles en banlieue de la ville. Ils avaient tout sacrifié pour qu'elle puisse venir étudier à Lhassa. Kalsang désirait devenir guide touristique et saisit cette occasion de pratiquer son anglais avec moi malgré les risques encourus à parler à un étranger.

En regardant ma pile de livres de Jung, du physicien Stephen Hawking et ceux de Brian Green sur la théorie des cordes, elle me demanda ce que je venais chercher à Lhassa – on aurait dit qu'elle me posait les trois grandes questions de l'existence en une : d'où je venais, où j'étais et où j'allais. Après lui avoir parlé du Québec, dont elle ignorait complètement l'existence, j'ai répondu en demeurant plutôt vague, me perdant dans toutes sortes d'explications qui n'avaient pas de sens pour elle qui ne comprenait pas bien mon anglais. En fait, je ne savais pas vraiment ce que je venais faire au Tibet, je sentais juste que je devais y être à ce moment de ma vie. Elle semblait visiblement amusée par mon questionnement.

Après que je me suis plaint qu'un Chinois m'avait écrasé durant mon vol d'arrivée, elle m'apprit que de nombreux membres de sa famille avaient été torturés et tués pendant la révolution culturelle chinoise. Je lui exprimai ma profonde sympathie envers ce qu'elle avait vécu et lui demandai le sens de sa vie aujourd'hui. Sa réponse me sidéra, tellement elle était claire, simple et limpide. Elle répondit spontanément en montrant du doigt l'espace qu'il y avait entre elle et moi. Le sens de la vie, pour Kalsang, c'était de prendre soin de l'espace, du jeu qu'il y avait entre nous, tout simplement.

Cette image me percuta et me marqua profondément. Elle entrait en profonde résonance avec un film que j'avais vu plusieurs années plus tôt, *Avant l'aube tout est possible*, dont j'ai déjà parlé, qui me toucha alors différemment, puisque l'un des personnages fait le même geste que Kalsang pour désigner ce qu'est, pour lui, Dieu et l'amour. Ce film avait déposé une petite graine en moi, ce geste l'a fait éclore, puis fleurir, me permettant d'en saisir tout le sens à mon entrée dans la quarantaine.

Ce geste spontané résumait, à ce moment de ma vie, l'essence des questions qui m'animaient depuis longtemps. Le génie de son geste tombait en parfaite confluence avec le courant de mes idées et de mes préoccupations. Je me demandai alors à quelle distance j'étais de moi-même, de l'autre et de mes rêves. Est-ce que je prenais le temps de laisser s'exprimer ce génie qui se cachait entre nous ou est-ce que je l'écrasais, comme ce Chinois en quête d'images ?

C'est selon moi l'essence même de la question de l'environnement, soit de prendre soin de l'espace entre nous, qui est aussi riche, précieux et important à préserver que nos forêts. J'ai l'intime conviction qu'il y a des trésors d'opportunités dans tout ce que nous rencontrons, que nos attentes nous empêchent souvent de percevoir.

Depuis plus de dix ans, je tournais autour de ce point mystérieux de la rencontre. Bien plus que le côté apparemment magique des coïncidences, c'est ce qui m'a poussé à écrire mon premier livre. Je cherchais à comprendre comment les nouveaux courants de vie et de génie émergent de cet espace-temps si particulier qu'est la rencontre synchronistique. Puis, mon deuxième livre sur le cinéma a repris cette question dans l'espace cinématographique, où l'on rencontre certains films qui nous regardent de l'intérieur et peuvent nous aider à nous connaître, voire à nous transformer, en déplaçant nos frontières. Finalement, j'ai exploré ce thème dans mon troisième livre sous un angle métaphorique, en cartographiant l'espace fascinant et mystérieux entre chacun de nous qu'est l'amour.

Il m'avait fallu venir sur le toit du monde et vivre cette rencontre inattendue qui ne dura pas plus d'une heure pour lui donner un nouveau souffle, pour sentir la très grande distance que j'avais mise entre moi et la vie. Je devais maintenant redescendre pour réduire cet espace et rentrer lentement chez moi...

Les douanes de l'utile

Le manque, l'espace, occupera toujours la plus grande place entre nous. Il permet la recherche de sens. Dans cette danse du sens, dans cette perpétuelle quête, l'espace est constamment divisé en deux grandes catégories. Il y a d'un côté ce que nous croyons utile et que nous attendons et recherchons, et de l'autre ce que nous considérons comme inutile et que nous rejetons. Tout ce qui se présente à nos frontières, tout ce qui est important et importé dans notre conscience est soumis à une «douane de l'utile», voire souvent du rentable, puis estampillé sous le visa de questions. Qu'est-ce que ça va me donner? Qu'est-ce que ça va me rapporter? Pourquoi dépenser de l'énergie pour importer ça?

Cette douane est très «utile» pour aborder le monde logique et connu, mais moins pour la dimension irrationnelle de la vie. C'est le cas de nos désirs et besoins, dont nous ignorons souvent les raisons, l'utilité ou le sens et que nous refoulons ou écrasons. J'entends souvent des gens dire: «Je n'ai pas besoin d'être aimé» ou «Je n'aime pas avoir besoin d'aide», ou encore «C'est inutile d'avoir besoin des autres», etc. Ils n'abordent leurs besoins et le sens des choses que sous l'angle du «pourquoi».

De la même façon, nous filtrons ce qui vient à notre rencontre dans le monde réel. Lorsque nous vivons une coïncidence ou quelque chose d'inattendu, nous répondons de façon naturelle par un «pourquoi» ou par «à cause de quoi». Certains vont même jusqu'à généraliser et disent: «Pourquoi ça m'arrive toujours à moi? Pourquoi ça n'arrive jamais aux autres?»

Cette façon uniquement «rationnelle» de converser avec la vie est plutôt limitée. Elle divise constamment le monde en bon ou mauvais et fait naître son contraire, dans l'ombre: une perpétuelle angoisse du «rejet» et du «jetable», qui s'applique aussi à la valeur que nous nous donnons en tant qu'être humain. Lorsque notre visa de «l'utile» n'est pas estampillé, nous nous considérons comme des «rejets». C'est un peu comme ça que je me sentais, dans ma vie professionnelle, au tournant de la quarantaine. Je passais de nombreuses heures dans le «vide». Le nombre de clients qui m'étaient envoyés avait diminué et la demande pour mes conférences était à peu près inexistante.

En commerçant avec le monde au moyen de cette rationalité, de ces douanes de l'utile et du rentable, nous diminuons considérablement l'importation de la gratuité, du jeu et de la spontanéité dans la vie. À quoi différencie-t-on une bonne herbe d'une mauvaise ? Sommes-nous vraiment plus utiles que les fleurs ?

En filtrant le monde de la sorte, nous perdons la liberté de tisser artistiquement le sens de notre vie comme l'artisan qui se soucie autant de l'utilité des objets que de leur beauté. C'est ce que je vous propose avec ce dernier chapitre : devenir des artisans du hasard ou des poètes de l'inattendu. C'était aussi la proposition d'André Breton, avec sa recherche des hasards objectifs, soit de faire de l'art avec le hasard. Il invitait les gens à devenir des artistes de l'imprévu et à faire de la contrebande aux douanes de l'utile. Ainsi, ceux qui ont une longueur d'avance avec le hasard et qui savent gagner les concours de circonstances dans la vie sont ceux qui tissent du sens, comme des artisans, avec tout ce qui leur tombe dessus, même lorsqu'il s'agit du vide. Ceux qui mettent parfois de côté les « pourquoi » pour se concentrer sur le « comment » des choses laissent passer des passagers clandestins aux douanes de l'utile pour étendre et enrichir le monde par la beauté de l'inattendu.

Je vous propose donc, pour étendre la conversation avec la vie et ses hasards, de ne pas chercher uniquement l'utilité ou le pourquoi des choses, mais aussi des façons d'être et de vivre. Je vous invite à passer du prêt-à-penser manufacturé à l'artisanat du sens, pour être prêt à tisser, à danser et à jouer avec tout ce qui vous tombera dessus, à faire comme si la vie était une conversation poétique plutôt qu'un magasin à vider.

L'espace du « comme si » et la nature poétique de la vie

Comment vous sentez-vous lorsque vous entendez le tonnerre ? Vous souvenez-vous de votre dernière éclipse ? Nous connaissons très bien les causes de ces phénomènes. Nous savons qu'ils résultent de l'électricité statique ou du mouvement des planètes et de la position de la Terre. Mais un arrière-plan irrationnel, qui nous vient de nos lointains ancêtres, nous fait encore dire : « Et si c'était un message des dieux ? »

Converser poétiquement avec les hasards invite à préserver cet espace du « comme si » avec l'émerveillement de l'enfant tout en gardant les pieds sur terre. Comme nous ne pouvons pas prouver que la nature a du sens, il s'agit plutôt de l'éprouver, comme si elle en avait, comme si elle nous parlait. Vivre poétiquement, c'est faire comme l'enfant qui réinvente le monde en jouant avec un bout de bois, tout en gardant la conscience de l'adulte, qui sait très bien que c'est un jeu.

J'ai un ami qui vit particulièrement bien cet univers symbolique du « comme si » grâce à sa créativité. Alors qu'il enseignait les arts visuels à l'université, et qu'il essayait d'expliquer, durant un cours, comment étaient livrés les meubles design de la série UP5 de Gaetano Pesce – ils sont repliés sur eux-mêmes dans une boîte ressemblant à une boîte de pizza et se déplient vers le haut pour retrouver leur forme –, il se rendit compte que son message n'arrivait pas à passer. Il mima alors le mouvement d'un livreur de pizza. Au même moment, on cogna à la porte. Quelqu'un venait offrir au groupe ce qu'il restait d'une pizza pour ne pas la gaspiller. Très étonné, il saisit tout de même l'occasion d'expliquer son idée avec la boîte de pizza.

Voilà un bel exemple de jeu avec la vie symbolique. Il montre aussi l'attitude de mon ami et sa réaction créative et disponible, et le côté « joueur » des hasards ainsi que la richesse qu'il peut y avoir à se plier au jeu de la vie, qui se déplie parfois sans s'expliquer. La vie nous propose de prendre sans comprendre et de nous plier humblement à la beauté de ces hasards.

La poésie des dragons

Nous réfléchissons parfois beaucoup pour comprendre le sens d'un événement. Or, il est souvent simplement celui de la beauté et de la poésie. C'est ce qui est arrivé aux membres de la troupe de Robert Lepage, à la toute fin de la dernière représentation de *La Trilogie des dragons* dans le Vieux-Port de Montréal, il y a quelques années – une pièce qui dure plus de 9 heures. La porte du hangar s'ouvrit comme prévu, laissant voir le fleuve Saint-Laurent, mais au moment de la finale, une jonque italienne, dont les voiles portaient les couleurs des trois dragons – rouge, vert et blanc –, apparut sur le fleuve. Tous les comédiens et les spectateurs, étonnés, furent submergés par l'émotion. Personne n'avait organisé cette rencontre inattendue.

On sait que les synchronicités sont plus susceptibles de se produire en période de création. Selon Lepage, c'est la poésie qui, traversant le temps et l'espace, est allée chercher ce miracle. Le hasard s'est exprimé en un moment de convergence, alors que le génie du temps et de l'espace était en parfaite synchronie avec la création qui venait de se terminer, comme si la vie y apportait sa touche.

Il existe ainsi une continuité entre la poésie humaine et la poésie de la vie, et ce qu'a vécu Robert Lepage avec sa troupe en est un bon exemple. C'est d'ailleurs le propre des génies que de se placer dans ce courant. Et pour garder vivante cette poésie dans notre conversation avec la vie, il est essentiel de cultiver un sain rapport au chaos et à l'incertitude, et de toujours garder ce jeu et ce « comme si », ou encore cette impression de hasard.

La nécessaire impression de hasard

Lorsque nous regardons un film, nous savons qu'il a été orchestré par un réalisateur, en bon *deus ex machina*, mais pour entrer dans l'histoire, nous avons besoin de nous laisser surprendre, de croire au hasard et à l'inattendu. Nous acceptons donc cette convention.

Or, dans la vie de tous les jours, le mot « hasard » n'a pas bonne presse, surtout dans une société où tout doit être utile, porter des étiquettes, pouvoir s'expliquer. Le hasard est un signe d'angoisse ou d'impuissance dans ce vide, dans cet espace d'incertitude entre nous.

Le hasard, assez curieusement d'ailleurs, est souvent confondu avec la causalité. On pense qu'un événement arrive à cause de nos mauvaises pensées, ou que notre cancer a été causé par un mauvais comportement, par exemple. Or, tout cela est de l'ordre des croyances et nous enferme dans la prison de la culpabilité – le mot «culpabilité» est d'ailleurs très proche du mot «cause». Trouver des causes, c'est trouver des coupables. Bien que cela nous rassure dans l'espace de l'incertain, cela limite la conversation avec la vie. Le hasard devient un dieu punisseur ou bienfaiteur.

Le fait de réintroduire le hasard dans notre conversation avec la vie nous permet de sortir de ce tribunal de la causalité, qui nous pousse constamment à trouver des coupables et des causes à tout, pour nous permettre d'entrer dans le mystère de la poésie de la vie et de ses hasards nécessaires.

Qu'est-ce que le hasard?

Le mot «hasard» nous vient de l'arabe; dans cette langue, il désigne un jeu de dés. Le hasard, c'est donc, en ce sens, la mesure de notre ignorance, car on ne peut pas toujours connaître, contrôler et comprendre les causes des événements. Ceux-ci arrivent par hasard et leurs causes sont trop complexes pour être contrôlées, comme dans un jeu de dés, où les possibilités sont trop nombreuses pour que l'on puisse prédire le chiffre qui ressortira.

Ce n'est pas parce que nous ignorons les causes et le sens d'un événement qu'il en est dépourvu. Cette ignorance est un espace fécond pour la recherche de sens, qui se fera alors dans la conversation avec ce qui nous arrive. Nous avons d'ailleurs souvent une impression de sens dès le départ, comme si l'événement semblait proposer une direction, telle une rencontre synchronistique.

La conversation avec la vie se joue donc dans cet espace fécond, dans ce paradoxe de sens et de non-sens, comme si la vie jouait avec un « dé pourvu de sens ». Parfois, le sens nous sera montré, mais s'il est caché, le fait de se sentir « dépourvus de sens » nous offrira une occasion d'être créatifs.

Une impression de hasard, d'humilité, d'étonnement, voire de vulnérabilité devant l'inconnu est ainsi nécessaire pour jouer avec la vie et ses hasards. Si tout était prévisible et contrôlable, la vie perdrait de son intérêt, elle deviendrait comme une conversation dont nous connaîtrions toutes les répliques à l'avance ou un film dont nous pourrions prévoir toutes les scènes.

En essayant d'éliminer totalement l'incertitude, nous risquons de tomber dans la pensée magique qui nous laisse croire que nous pouvons influencer le cours du hasard ou les dés de la vie. Penser que le fait de s'habiller en bleu pour jouer aux dés peut influencer le cours des dés, parce que cette couleur a auparavant été portée lors d'une partie gagnante, est une superstition, une pensée magique qui ne doit pas nous faire oublier que nous sommes en train de jouer.

Inattendre, c'est jouer

Notre espace de jeu dans la vie n'est donc pas dans le contrôle de ce qui va arriver, mais dans la capacité de jouer avec cela, d'inattendre la vie. Lorsque la vie lance ses dés, nous devons jouer avec le résultat, qu'il ait du sens ou non, et pas seulement s'il fait notre affaire.

Inattendre, c'est donc essentiellement attendre la vie comme un enfant et être prêt et disponible pour jouer avec tout. Jung disait d'ailleurs que l'homme n'est vraiment humain que lorsqu'il joue. Ainsi, le jeu est pour moi le sens primordial de la vie et la base d'inattendre celle-ci. Le jeu est aussi le but visé par la psychothérapie, car, comme le disait Winnicott: « La thérapie consiste à emmener une personne d'un état où elle ne peut pas jouer à un état où elle peut jouer avec la vie et son chaos. »

Rappelons que jouer veut aussi dire « libérer un espace », comme avec une corde trop serrée. Au xiiie siècle, le mot « jeu » était même synonyme d'« acte amoureux ». Jouer est donc la qualité d'espace qu'on va se donner pour aimer la vie et établir une qualité de relation artistique et amoureuse avec elle et tout ce qu'elle nous présente comme occasion cachée dans l'espace entre nous.

Jouer est la racine, la source même de la créativité. J'entends souvent que la créativité demande des conditions particulières. On dit que l'on manque d'argent ou de temps pour créer, comme si nous attendions quelque chose. Pourtant, jouer, tout comme créer, c'est avant tout une façon d'être au monde qui n'a rien à voir avec le nombre de toiles, de disques ou de livres que nous pourrions produire si nous avions plus de temps.

Le shivaïsme du Cachemire, qui m'a été présenté par un de mes guides sur la route conduisant au monastère de Menri, au nord de l'Inde, offre un système de croyances qui a aussi en son centre le jeu. Selon cette philosophie indienne, nous serions sur la Terre pour jouer. Elle enseigne qu'au début des temps il n'y avait pas de jeu, que les êtres humains étaient complètement fusionnés avec le Tout, sans aucun espace pour bouger. Mais depuis que les êtres humains sont séparés du Tout, un jeu, une danse s'est créée avec tous les possibles dont ils font partie. Leur vie donne donc du jeu au Tout pour que celui-ci puisse s'exprimer sous toutes ses formes.

Jouer, c'est le visa qu'on se donne pour sortir des douanes de l'utile et transformer en art tout ce qui s'approche de nous. Jouer, c'est se donner le droit de sortir de la salle d'attente du monde pour bouger et improviser avec tout ce qui vient à nous. Jouer, véritablement, est donc en ce sens une grande provocation de l'utile, dans la foulée de l'archétype du trickster, vu précédemment. Celui-ci, sous plusieurs formes, nous demande régulièrement : « *Why so serious?* » Pourquoi es-tu si sérieux ? Es-tu en train de jouer avec la vie où est-ce la vie qui se joue de toi ?

Une des figures marquantes dans le développement personnel au cours des années 1960 et qui représentait bien le trickster,

Alan Watts, allait aussi en ce sens : « Celui qui se libère, loin d'être incapable de jouer le jeu, le joue encore mieux, car il voit la vie comme un jeu. »

Le hasard n'a ainsi peut-être pas bonne presse, parce qu'il nous confronte à la gratuité de certaines choses, ce qui peut choquer la raison, occupée à compter et à calculer. L'inutile n'est peut-être pas toujours utile, payant ou rentable, mais c'est justement ainsi qu'il nous enrichit. Et puis, comme le disait Tchouang-Tseu : « Les hommes connaissent tous l'utilité d'être utile, mais aucun ne connaît l'utilité d'être inutile. »

Inattendre, c'est gagner les concours de circonstances

Dans la conversation ou le jeu de la vie, pourquoi certaines personnes semblent-elles avoir de la chance et d'autres non ? La vie ne distribue pas des paires d'as ou des paires de six à tout le monde, et la chance ne dépend pas des cartes ou des dés qui nous tombent dessus, mais davantage des mains qui les tiennent. La chance, ce n'est pas ce qui arrive, c'est ce que nous allons faire avec ce qui arrive. Avoir de la chance, comme le disait le grand Coluche, c'est savoir gagner les concours de circonstances.

Ceux qui inattendent jouent avec ce qui leur tombe dessus au lieu d'attendre les conditions parfaites pour jouer. Ils jouent la vie même avec une paire de deux, et jouent le tout pour le tout avec tout. Les adeptes du shivaïsme du Cachemire diraient qu'ils jouent le tout pour le Tout. Devant un événement inattendu, ils ne se demandent pas pourquoi il arrive avant de décider de s'investir ou non, mais plutôt comment faire avec cet événement.

Alors que la personne anxieuse met plutôt l'accent sur l'événement extérieur qu'elle ne contrôle pas toujours, la personne qui inattend met plutôt l'accent sur sa capacité intrinsèque de faire face aux imprévus, soit ce qu'elle ne peut pas encore voir, et fait confiance à sa capacité d'improviser.

Inattendre, c'est improviser

On attend beaucoup de nos outils dans notre société de l'utile, et ce, dans toutes les sphères de la vie, même les sciences humaines. Dans un monde qui nous propose une avalanche de techniques et de méthodes de toutes sortes, on laisse souvent peu de place à l'improvisation, essayant de se sécuriser avec ces outils davantage qu'avec notre capacité à les utiliser et à improviser avec eux. Je ne compte plus le nombre de personnes qui attendent « la » technique miracle leur permettant de ne plus jamais être anxieuses, ou la recette magique leur permettant de ne jamais se tromper. Les outils et les techniques sont utiles, mais le fait de ne mettre l'accent que sur les méthodes tue, selon moi, la créativité et la poésie, dans notre conversation avec la vie, en plus de nous handicaper grandement face au hasard et à l'inattendu.

Improviser, c'est donc faire avec et non attendre la technique ou l'outil miracle avant d'agir. Improviser, c'est donner une deuxième vie au hasard. C'est permettre à un événement insensé et apparemment inutile de renaître. Lors d'une conférence de presse, une femme a dit au président Churchill : « Monsieur Churchill, si j'étais votre femme, je mettrais du poison dans votre thé. » Il lui a répondu du tac au tac : « Moi, madame, si j'étais votre mari, je le boirais. » Faisant preuve d'une grande capacité d'improvisation, plutôt que d'ignorer la critique de cette femme (événement désagréable) ou de s'effondrer (il ne peut pas contrôler ce que les autres disent), il l'a utilisée et s'en est servi pour faire passer son message.

Improviser, c'est transformer l'attendu en inattendu. Ceux qui inattendent la vie savent en abuser. Devant quelque chose qui apparaît inutile, banal, anodin, leur imagination prend la relève pour improviser une « utilité » réinventée.

Connecter les points dans l'espace entre nous

Dans l'espace qui nous sépare de tout ce que l'on rencontre, il y a des trésors d'opportunités cachées, des idées de génie que l'on ignore souvent. Ceux qui inattendent sont capables de les trouver, mais il leur faut parfois être très patients, car les occasions, les graines ainsi déposées, peuvent prendre des années à germer.

Alors que j'écris ces lignes, j'apprends le décès du génie de la pomme, Steve Jobs, personnage controversé et paradoxal, comme seuls les tricksters peuvent l'être. En effet, il nous a montré un chemin pour se libérer des attentes du monde tout en nous maintenant dans l'attente et la consommation.

Une des grandes qualités de Steve Jobs était sa capacité à trouver des liens entre des choses qui n'avaient *a priori* rien à voir l'une avec l'autre. Le nom de la compagnie Apple viendrait d'ailleurs apparemment d'une expérience difficile qu'il vécut durant un séjour en Inde où il fut très malade et ne put se nourrir que de pommes. Bien des années plus tard, il utilisa ce nom pour fonder sa mythique compagnie.

Il a su utiliser le langage des symboles, avec la pomme croquée, pour nous faire faire des liens inconscients. Après la pomme d'Adam et la pomme de Newton, c'est la pomme d'Apple qui révolutionna complètement notre rapport au monde. Outre ses inventions technologiques, Jobs nous rappelait, avec ce symbole, de toujours rester en appétit, de sentir la faim et de ne pas avoir peur de notre folie.

Steve Jobs fonctionnait constamment par analogies. Toute sa vie, il a exploré des choses nouvelles sans rapport les unes avec les autres: l'art de la calligraphie, la méditation dans un ashram en Inde ou la remarquable finition des Mercedes-Benz, par exemple.

Un peu comme Wayne Gretzky, qui habitait pleinement l'espace et qui était en avance sur les autres joueurs, Platini qui était le génie de la courbe ou les pêcheurs polynésiens qui savent lire les océans, Jobs a su sentir les courants à venir en s'appuyant sur tout ce qu'il a rencontré. Un de mes amis dit de lui qu'il était un bon *catcher,* en référence à un bon joueur de baseball qui arrive à capter la balle en se trouvant au bon endroit dans le jeu de la vie.

Une partie du génie des gens comme Steve Jobs, c'est leur capacité de relier des points d'une façon toute nouvelle et de détecter les *patterns* dans le temps et l'espace. C'est là la véritable créativité, qui permet de découvrir des réalités qui ont toujours été là, mais que personne n'avait encore remarquées.

Jouer avec le temps

Inattendre, c'est aussi faire comme si ce que nous attendions était déjà arrivé. C'est attendre profondément, même, du point de vue de l'inconscient collectif, là où le temps et l'espace n'existeraient pas. Les progrès de la mécanique quantique[9] confirment de plus en plus cette théorie.

Dans l'exploration de cet espace entre nous, la mécanique quantique s'intéresse au monde des particules, encore plus petites que les atomes et les molécules. Dans leur dimension, le chaos, le hasard et l'incertitude règnent en maîtres. Richard Feynman, un scientifique plutôt original doué pour le bongo et qui porte bien le chapeau du trickster, est celui qui, selon moi, a le mieux illustré la mécanique quantique.

Sa théorie est que la nature n'a pas d'histoire, mais qu'elle porte en germe toutes les histoires. En d'autres mots, la vie n'a pas un seul sens, mais tous les sens. Dans le monde quantique, toutes les possibilités sont latentes tant que leur moment n'est pas arrivé, un peu comme un DVD qui contiendrait toutes les histoires de l'univers, mais qui n'aurait pas encore été regardé. Une fois qu'on insère ce « DVD de la vie » dans le lecteur du temps, il montre une seule des possibilités à la fois, les autres demeurent « quelque part », attendant d'être regardées.

---

9. Pour ceux qui aimeraient approfondir les aspects reliés aux nouvelles sciences, comme la mécanique quantique ou la théorie des cordes, un chapitre qui était initialement destiné à ce livre est disponible; vous n'avez qu'à me contacter au jf@jfvezina.net.

Cette idée est très proche de celle voulant que l'inconscient collectif soit un champ matriciel de tous les possibles. Tout y serait contenu en germe et c'est le temps qui permettrait de dérouler une ligne de possibles. L'inconscient collectif, tout comme le monde quantique, contiendrait tous les possibles en dehors du temps et de l'espace, et se révélerait à nous lorsque nous acceptons de tolérer un peu de son chaos.

Ainsi, à quelle distance sommes-nous de ce qui s'en vient vers nous ? À quelle distance sommes-nous de l'inconscient collectif ? Sommes-nous capables d'entendre suffisamment profondément de l'intérieur ce que la vie s'apprête à nous jouer, puisque, selon ces hypothèses, toutes les histoires de la vie seraient déjà quelque part dans notre inconscient ?

Une étrange attraction

Si tout est potentiellement entre nous, pouvons-nous choisir d'attirer tout ce que nous voulons ? C'est la croyance de base de la loi d'attraction, qui mérite selon moi quelques nuances. Je préfère plutôt croire que nous avons davantage le pouvoir d'«intuitionner» les choses à venir que de les créer et de les contrôler, comme si nous étions superpuissants. Par exemple, lorsque nous visualisons que nous allons recevoir un chèque ou une voiture et que cela arrive, c'est que nous avons eu l'intuition que cela se dirigeait vers nous, non parce que nous l'avons créé – même si nous avons travaillé pour que cela arrive. C'est selon moi la différence essentielle à considérer pour ne pas sombrer dans la pensée magique et faire preuve de plus d'humilité dans notre conversation avec la vie.

L'erreur de perception en regard de la loi de l'attraction est donc semblable à la confusion qui régnait lorsque l'on croyait que le Soleil tournait autour de la Terre. Nous tournons autour de nos désirs davantage que nous les contrôlons. Plus nous essayons de les contrôler, plus ce sont eux qui nous contrôlent, nous poussant à vouloir toujours plus et nous maintenant prisonniers de la salle d'attente du monde.

Avons-nous assez d'imagination pour entendre et converser à la hauteur de la vie et de ce qu'elle a à nous proposer ? Comment allons-nous inattendre ce qui nous tombera dessus et jouer avec cela ?

Étendre ses attentes et son imagination

Inattendre, en plus d'étendre notre imagination à la hauteur de la vie, c'est aussi détendre les cordes de nos attentes pour trouver le bon jeu, la bonne tension entre nos désirs, nos rêves et ceux que la vie nous présente. C'est détendre les cordes de son arc comme pour viser sans viser. C'est ce que j'ai dû faire pour terminer ce livre, qui est le fruit de ma propre conversation avec l'inattendu.

Au début du processus, il y a quatre ans, des attentes démesurées bloquaient toute ma créativité et m'empêchaient de rencontrer véritablement l'inattendu, de laisser la vie se « livrer », jouer. J'ai progressivement accepté de me rendre disponible à tout ce qui cognait à ma porte, même à ce que j'avais peur d'écrire. Puis, j'ai dû retirer et sacrifier des chapitres entiers pour respecter les « attentes naturelles » du livre.

C'est là que l'inattendu s'est présenté à moi de toute sa force. Il est apparu plusieurs mois après mon retour du Tibet, alors que je « perdais mon temps » en jouant en ligne au hockey avec un ami sur une console de jeu vidéo. Le mot « inattendre » émergea dans mon esprit alors que le jeu vidéo se téléchargeait et que je prenais conscience de toutes les situations où la société nous fait attendre, et de toutes les minutes – qui, mises bout à bout, deviennent des mois – que nous passons à attendre devant nos machines.

De plus, ce jeu de hockey me rappelait ce que j'avais appris lorsque j'étais plus jeune et que je jouais moi-même au hockey : il faut être dans le « mouvement » du jeu. Alors que tous les autres joueurs « attendaient » la rondelle là où elle était, j'avais compris toute l'importance de me positionner dans la vague du temps, de tenter de « sentir » la direction que la rondelle allait prendre.

C'est ainsi que j'ai redécouvert le sens du mot « inattendre ». Il me fallait bien aller jusqu'au Tibet pour finalement trouver l'idée maîtresse d'un livre sur l'inattendu en jouant une partie de hockey en ligne dans mon salon!

Les jeux vidéo me permettaient de fuir momentanément ce travail d'écriture qui m'avait maintes fois conduit au bord de la folie. Je désespérais de jamais y arriver – ce livre sur l'inattendu se devait de m'éprouver. Le trickster et son chaos – il fallait s'y attendre – avaient presque eu raison de moi après quatre ans de travail.

Mon dragon vocationnel à moi, l'écriture, est à la fois ce qui me consume et me tient en vie. J'ai toujours écrit davantage pour apprendre que pour étaler mes connaissances, et c'est pourquoi ce travail m'expose à ma vulnérabilité, comme toute naissance.

J'ai ainsi appris, en écrivant, ce qu'était inattendre l'autre : essentiellement, c'est garder riche l'espace des possibles, faire le cadeau de l'inattendu dans la relation.

Kalsang, la jeune Tibétaine que j'ai rencontrée, m'a conduit à chercher comment remettre du jeu, de l'espace et du temps dans l'amour. Inattendre l'amour, c'est être curieux des chemins inattendus que l'autre pourra emprunter pour nous aimer. C'est aussi entendre ce génie particulier qui se cache entre deux personnes et qui tente de s'exprimer de façon unique tout au long de leur relation.

Puis, je me suis demandé s'il y avait assez de jeu dans mon travail et comment favoriser plus d'inattendu dans cet espace. Inattendre le travail favorise l'exploration du terrain des opportunités et libère un espace de jeu dans les attentes et les désirs, les rêves cachés en soi depuis l'enfance.

L'écriture de ce livre m'a aussi conduit à me demander s'il y avait assez de jeu dans ma relation avec moi-même. En allant au Tibet, j'ai découvert un immense fossé. J'ai pris conscience plus que jamais de la salle d'attente qui me coupait de moi-même et de la joie de simplement être.

Remettre de la joie dans le bonheur

Dans l'introduction, j'ai soulevé l'idée que l'attente du bonheur était peut-être l'une des causes du malheur aujourd'hui. Viser et attendre le bonheur est un objectif noble en soi, mais peut-être étroit par rapport à toutes les possibilités que nous offre la vie, qui converse avec nous dans tous les sens, même les non-sens, à travers le hasard et l'imprévu.

Si les oies blanches ne cherchaient que le bonheur, elles renonceraient très certainement à traverser les océans pour atteindre l'Arctique. Et si elles avaient adopté un mode de vie semblable aux humains, l'Arctique aurait probablement fondu et elles auraient sûrement, comme nous, perdu le Nord.

Si le mot «bonheur» est trop étroit pour embrasser la vie, par quoi pouvons-nous le remplacer ou le compléter? Par quelque chose de plus grand qui s'appelle la joie. La joie ne se calcule pas, ne se compte pas, ne se mesure pas. Elle n'a pas non plus de durée. «La joie est notre évasion hors du temps», nous rappelle Simone Weil. La joie est dans l'instant, elle nous saisit pendant un moment «donné». Elle exprime le génie du temps qui s'offre spontanément à nous sans attentes, qui ne se laisse pas attraper, comme Hermès le trickster nous rappelle l'importance du jeu, de la gratuité et de la spontanéité dans un monde qui calcule tout. La joie nous remet dans le sens du mouvement spontané de la vie, qui, tout comme le bonheur, n'est pas à saisir, mais à danser.

La joie, contrairement au bonheur, n'a pas de causes précises. On peut être fou de joie sans savoir pourquoi. Elle est une surprise inattendue de la vie à la vie, un cadeau gratuit qui exprime son génie même à travers le chaos le plus profond. Ainsi, lorsque Beethoven devint complètement sourd, déprimé, reclus et hagard, que composa-t-il? Un hymne à la joie.

Plutôt que d'attendre ce qui n'est pas là, comme on attend souvent le bonheur, être dans la joie, c'est être attentif à ce qui est, simplement, naturellement, comme lorsque l'on accepte de danser avec la vie et son chaos.

Danser le chaos

On s'étonne de la perte de sens dans nos sociétés occidentales, mais on oublie que nous sommes devenus allergiques au chaos, ce qui nous pousse à aseptiser la vie. Notre société ressemble étrangement à celle du village de Berk, dans le film *Comment apprivoiser son dragon*. Nous pourchassons et tuons les dragons de l'incertain et faisons fi du génie caché dans l'inattendu.

Pour retrouver ce sens, il est primordial de remplacer la peur de l'inconnu par de la curiosité. Ce qui nous fait le plus peur est aussi ce qui peut nous redonner de l'énergie. Nos vulnérabilités, nos blessures, nos manques, nos dépendances, nos peines, nos erreurs, nos obsessions sont des voies qui nous indiquent où se trouve le feu qui nous brûle dans l'ombre. Là où la vie nous a frappés, nous a cognés, nous a frottés, nous trouverons le feu de notre folie, mais aussi de notre originalité. C'est là que nous devons aller reprendre la conversation avec la vie.

La nature est comme Shiva, le dieu hindou de la danse, elle crée autant qu'elle détruit, elle donne autant qu'elle reprend. Si nous continuons de nous prétendre plus forts que la vie et de faire la sourde oreille face aux avertissements de notre monde, la vie pourrait se priver de l'humain pour continuer à jouer avec ses possibles.

Dans le film *La Matrice,* les êtres humains vivent une existence virtuelle à l'abri du réel, un peu comme nous, en attente perpétuelle. Ils sont totalement immobiles, emprisonnés dans des cocons, nourrissant la grande matrice et lui fournissant l'énergie nécessaire pour fonctionner. Sommes-nous aussi des esclaves coupés du contact réel avec la vie ? N'est-ce pas ce qui arrive lorsque notre besoin de sécurité nous pousse à tourner le dos à la grande conversation avec la vie ?

Tout au long du film, Néo, le héros, apprend à combattre les forces opposées avec les arts martiaux. Leur pratique est comme une grande chorégraphie, une danse des opposés. À la toute fin du film, pour se révolter contre les machines, les humains se mettent d'ailleurs à danser.

Converser avec la vie et ses hasards invite à bouger avec tout ce qui nous rencontre. C'est une danse plus qu'une performance. Lorsque l'on danse, on n'a pas l'intention d'aller quelque part, on existe, tout simplement. Nous pouvons faire un pas en avant et deux en arrière, un pas vers le sens et un autre vers le non-sens. On ne vise pas de résultat, contrairement à ce que l'on a l'habitude de faire dans la vie de tous les jours.

Un proverbe chilien exprime bien cette danse entre la vie et le temps : *Nadie te puede quitar lo bailado* (personne ne peut t'enlever ce que tu as dansé). Peu importe que nous «réussissions» ou «rations» notre vie, peu importe les violences et les humiliations que nous subirons, personne ne peut nous enlever ce que nous avons vécu.

Étendons notre danse et notre conversation à la hauteur de la vie, de ses bonnes et mauvaises heures. Retrouvons cette tendresse avec le temps, car les temps sont durs, surtout lorsqu'on endure la vie et qu'on se bat contre ses contretemps. Faisons confiance à l'inattendu qui, de toute façon, vient toujours à point pour qui sait attendre...

- Qu'avez-vous fait d'inattendu récemment ?

- Quelle est votre dernière folie ?

- Lorsqu'il n'y a plus rien à faire, que faites-vous ?

11. Questions pour bouger :

10. Inattendre, c'est attendre de l'intérieur.

- Inattendre, c'est avoir l'intuition de ce qu'il faut attendre, puisque l'inconscient contiendrait en germe tous les possibles.

9. Inattendre, c'est cueillir les fruits du hasard.

- Toutes les rencontres sont uniques.

- Toute rencontre significative éveille un génie entre les personnes concernées.

- Il nous revient de cultiver et de laisser s'exprimer les opportunités cachées dans nos relations.

8. Inattendre, c'est connecter les points dans l'espace qui est entre nous.

7. Inattendre, c'est improviser.

Résumé du chapitre 8

1. Entre nous il y a un jeu, un espace nécessaire.

2. Les douanes de l'utile et les manufactures de sens

- L'inconscient a aussi ses « nécessités ». Il fait de la contrebande aux douanes de l'utile.

3. Converser avec la vie.

- Lorsqu'on ne trouve pas la cause d'un événement, essayons de voir de quoi il nous « cause ».

- La vie est davantage une conversation ou une œuvre d'art qu'une séance de magasinage.

4. Converser avec le hasard.

- Le hasard est un jeu de dés.

- Le hasard est la mesure de notre ignorance et de notre impuissance à contrôler les événements.

- Une fois les dés du hasard jetés, il faut jouer avec le résultat.

- Le hasard est nécessaire, mais certains hasards le sont plus que d'autres.

- Le hasard nous sort de la tyrannie de l'utile, du rentable et du tribunal de la causalité.

- Le jeu de la vie se joue avec un dé pourvu de sens.

5. L'espace du « comme si ».

- L'espace du « comme si » nous permet de jouer et d'entrer dans l'espace poétique et symbolique de la vie.

6. Inattendre, c'est jouer.

Conclusion

Alors que j'ai voulu faire des rapprochements entre la science et la synchronicité dans mon livre *Les hasards nécessaires,* c'est principalement la nature conversationnelle de la vie que j'ai tenté d'exprimer dans le présent ouvrage. J'ai voulu montrer l'importance de « ré-enchanter » le monde en accueillant la poésie naturellement cachée dans l'inattendu. Cette poésie, comme nous le rappelle Pablo Neruda, existait bien avant l'écriture et l'imprimerie. Cachée entre nous, elle peut surgir à tout moment dans l'espace sacré de nos rencontres.

Paul Valéry disait à son sujet que : « La plupart des hommes ont de la poésie une idée si vague que ce vague même de leur idée est pour eux la définition de la poésie. » La conversation avec la vie se pratique dans cette vague, dans le mouvement naturellement flou des choses, quelque part entre ce qu'on attend et ce qui nous attend. Et alors que nous cherchons les lignes droites, les chemins tracés d'avance par les autres, certaines rencontres nous sortent des sentiers battus et nous poussent à étendre notre langage pour embrasser davantage cette grande conversation.

À cause de la technocratisation grandissante, voire dans notre rapport avec nous-mêmes, notre langage est trop étroit pour entrer dans le monde de demain. Notre monde manque dangereusement d'âme, de poésie et de gratuité. Nous protégeons les espèces animales et végétales, mais qui va nous aider à préserver l'âme du monde ?

Les tricksters remettent de l'âme là où il n'y en a plus. Ils proposent des solutions inusitées lorsque le reste de la communauté est trop habitué à penser « dans la boîte ». Ils amènent le chaos et parfois le rire dans nos vies, mais, surtout, ils font les changements nécessaires dans un monde complètement résistant au changement. Les tricksters nous permettent d'apprendre, mais à la dure – la plupart des leçons les plus précieuses de la vie s'acquièrent par l'expérience, et non dans les manuels. Nous avons peur de les rencontrer parce qu'ils nous sortent de notre zone de confort et remettent nos idées en question. Une fois qu'ils sont partis, nous pouvons les haïr pour briser ce que nous avions ou les aimer pour découvrir quelque chose de nouveau (et probablement améliorer notre sort)…

Carl Gustav Jung, qui avait quelque chose d'un trickster pour la psychologie moderne, nous a ouvert une voie que peu d'entre nous ont le courage d'explorer. Son *Livre rouge*, paru récemment, relatant sa propre conversation avec l'inconscient, en est le plus bel exemple. Pour plusieurs, ce travail impressionnant est l'œuvre d'un être profondément déséquilibré. Or, il est l'expression rigoureusement poétique d'une courageuse danse avec le chaos. Il exprime la souplesse d'une psyché capable de tolérer la tension des contraires. Ainsi, nous rappelle-t-il : « La tâche qui attend personnellement chacun d'entre nous consiste à réunir les contraires. »

Nous conversons avec des forces et des courants qui seront toujours plus grands que nous. Nous dansons perpétuellement sous un vaste ciel étoilé et devant un arrière-plan irrationnel qui remonte à la nuit des temps. Dans les villes modernes, où l'on perd de vue les étoiles, il faut nous tourner vers nos étoiles intérieures pour nous guider. Comme les premiers navigateurs qui faisant fi des représentations du monde connu dans les cartes et qui s'avançaient courageusement sur les mers inconnues, nous sommes invités à suivre nos propres étoiles.

Tout comme lorsque nous étions enfants et que nous ignorions les points suggérés dans nos cahiers de dessin pour crayonner librement tout autour des numéros, nous sommes invités à relier nos étoiles comme personne à ce jour, et ainsi, réinventer nos « desseins » d'enfants.

À quelle distance êtes-vous de vous-même et des étoiles qui vous sont propres ? Nous perdons aussi de vue nos désirs en devenant prisonniers de l'envie. L'envie nous maintient dans l'attente de ce qui n'est pas à nous, elle nous contraint à chercher constamment ce qui n'est pas en nous. L'envie nous oblige à être perpétuellement autre chose que nous-mêmes, ce qui est fortement à la mode de nos jours, alors que le taux de divorce avec son âme atteint des sommets record.

Il est temps de passer de l'envie au désir. Il nous faut trouver le courage et l'audace nécessaires pour être profondément ce que nous sommes. Nous sommes poussières d'étoiles. Nous avons gardé en nous la nostalgie des étoiles, car elles nous rappellent justement nos origines. Toute notre vie se passe à retourner chez nous, à retourner à nos rêves d'enfants, là où tout était possible, là où nous avons entrevu pour la première fois toute la beauté du monde.

L'univers n'a pas qu'un sens, il a tous les sens. En ne lui cherchant qu'un sens, on en perd l'essence: jouer. Prenons soin de ce jeu, de cet espace poétique et nécessaire à la vie pour qu'elle puisse continuer sa grande histoire. Dans l'espace parfois sombre entre nous se cachent des rêves qui n'attendent que nous pour être découverts. Mais pour les chercher, il nous faut oser regarder là où personne n'a encore cherché, attendre ce que personne n'a encore attendu. Il nous faut accepter notre vulnérabilité et être touchés et renversés par la vie comme personne ne l'a encore été.

C'est du chaos que naissent les étoiles, comme c'est du manque que naissent nos désirs. C'est le choc et le frottement de nos rencontres qui allument les étoiles qui permettront d'éclairer un peu plus la grande noirceur du monde.

Accueillons l'inattendu, apprivoisons avec courage nos désirs et nos rêves les plus fous, car c'est dans notre folie que se trouve notre génie. Et puis, comme nous le rappelle si justement le grand philosophe Friedrich Nietzsche: «Il faut bien avoir un peu de chaos en soi pour pouvoir enfanter une étoile qui danse.»

Et vous, avec quelle poésie danserez-vous le chaos de votre vie ?

QUÉBEC, QUAI DES CAGEUX, 11-11-11

Citations au hasard

Voici quelques phrases qui se sont imposées au cours de l'écriture. Certaines ont trouvé leur chemin dans le texte, d'autres le cherchent encore. Elles ont peut-être besoin de vous. À faire circuler, si elles ont du sens…

Chapitre 1

Inattendre, c'est être tendre avec le temps.

L'inattendu, ce n'est pas ce que tu attends, mais ce qui t'attend.

La synchronicité est un « moment donné ». Il est offert gracieusement par l'inconscient.

Prisonnier dans la tente des autres, tu ne vois plus tes propres étoiles.

À l'heure du shopping existentiel, on « dé·pense » bien plus que l'on pense.

On ne fait pas de rencontres, ce sont les rencontres qui nous font.

Lorsque quelque chose t'échappe, laisse tomber.

Danser, c'est converser avec le déséquilibre.

Chapitre 2

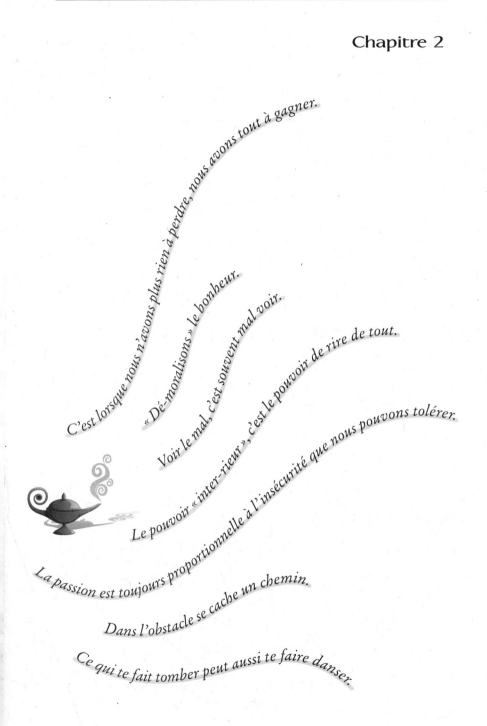

C'est lorsque nous n'avons plus rien à perdre, nous avons tout à gagner.

« Dé-moralisons » le bonheur.

Voir le mal, c'est souvent mal voir.

Le pouvoir de rire de tout.

Le pouvoir « inter-rieur ».

C'est le pouvoir de rire de tout.

La passion est toujours proportionnelle à l'insécurité que nous pouvons tolérer.

La passion est toujours proportionnelle

Dans l'obstacle se cache un chemin.

Ce qui te fait tomber peut aussi te faire danser.

Chapitre 3

Un mariage ne se marche pas, il se danse.

Pour avoir raison d'une relation, cherchez à avoir raison.

Ton adversaire te définit par la relation que tu entretiens avec lui.

Attendre le bonheur en amour, c'est préparer le malheur en amont. L'amour ne rend pas heureux, mais vivant.

En amour, le temps ne se mesure pas en durée mais en moments.

Plus une personne veut changer son partenaire pour le sauver, plus il le fait lui-même, il se sauve…

Dans l'espace entre nous se cachent des trésors.

Inattendre l'autre, c'est lui laisser de l'espace pour qu'il puisse danser entre nos préjugés.

En amour, le général combat le particulier.

Ce que tu reproches aux autres peut te rapprocher de toi…

Chapitre 4

Une vocation, c'est le génie d'une relation avec soi-même.

C'est à la lumière du jour que les rêves personnels deviennent collectifs.

La conversation la plus importante est celle que nous avons peur d'avoir.

Les rêves cognent dans les ventres comme des enfants qui cherchent à naître.

Nous sommes les parents des rêves de l'humanité.

L'« équi-libre », c'est être libre des deux côtés.

L'intuition est un capteur de rêves diurnes.

Chapitre 5

Il est toujours préférable de ne pas s'opposer à nos opposés.

Je ne me fous pas des autres, mais je ne les laisse pas me rendre fou.

On ne peut pas rivaliser avec les cailloux. Ils sont les champions de l'indépendance.

Entre la peur de déranger et le désir de ne pas déranger, il n'y a qu'un pas.

Vivre avec notre âge, c'est peut-être le plus beau présent que l'on puisse offrir à notre avenir.

On peut se fouler le talent en dansant trop avec l'avis des autres.

Ma folie, c'est ma richesse naturelle. Ma richesse d'être naturel.

Être timide, c'est avoir un immense désir d'être vu qu'on ne veut pas voir.

Chapitre 6

Donnons du jeu au je.

Le manque occupera toujours la plus grande place entre nous.

Il y a une intime relation entre la peur d'échouer et le désir de naviguer...

Si les bactéries n'avaient pas fait d'erreurs, on ne serait pas là pour en parler...

Il vient un temps où ce n'est plus aux mots qu'il faut donner du sens, mais à la vie.

Il y a quelque chose de faux dans le « il faut être vrai tout le temps ».

Il y a quelque chose de faux dans nos déséquilibres.

Tendre vers l'équilibre, mais aussi être tendre avec nos déséquilibres.

Chapitre 7

À l'heure des communications virtuelles, nous cherchons la lumière silencieuse qui nous relie les uns aux autres.

On ne cherche pas une raison de vivre, mais une façon de vivre.

L'humain est un voleur de possibles, il doit dévaliser l'avenir avec amour.

C'est ce que vous retenez. C'est ce que vous laissez aller.

L'important dans une conversation, ce n'est pas ce que vous retenez.

Si les oies ne cherchaient que le bonheur, elles renonceraient à traverser les océans.

Ne pas trouver la cause est une invitation à trouver de quoi ça cause.

Chapitre 8

La question du sens n'est pas « d'aller où »,
mais « d'aller vers où »...

Nos graines de folie ont besoin de la chaleur de l'autre pour éclore.

Peut-être que rien n'arrive pour rien, mais on peut faire en sorte que rien n'arrive.

Le plus difficile n'est pas de ne rien attendre, mais de s'attendre à tout.

Improviser, c'est donner une deuxième vie au hasard.

Mettons plus de jeu dans l'amour et de joie dans le bonheur.

Le hasard est nécessaire, mais il y a des hasards qui sont plus nécessaires que d'autres.

Le jeu de la vie se joue avec un dé pourvu de sens.

L'inattendu vient toujours à point pour qui sait attendre.

L'univers n'a pas qu'un sens, mais tous les sens. À ne chercher qu'un sens, on en perd l'essence : jouer.

Bibliographie

ARDISSON, Thierry, DROUHET, Cyril, et Joseph VEBRET. *Dictionnaire des provocateurs*, Paris, Plon, 2010.

BRUCKNER, Pascal. *Le mariage d'amour a-t-il* échoué ?, Paris, Grasset, Le bonheur perpétuel, 2010.

BRUCKNER, Pascal. *L'euphorie perpétuelle. - Essai sur le devoir de bonheur*, Paris, Livre de poche, 2002.

COMBS, Allan, et Mark HOLLAND. *Synchronicity : Through the Eyes of Science, Myth and the Trickster*, Cambridge (MA), Da Capo Press, 2000.

DORÉ, Marc. *De l'improvisation et la technique du jeu*, Montréal, Dramaturges, 2011.

ENTHOVEN, Raphaël. *L'endroit du décor*, Paris, Gallimard, 2009.

HYDE, Lewis. *Trickster Makes This World : Mischief, Myth, and Art*, New York, Farrar, 2010.

HYDE, Lewis. *The Gift : Creativity and the Artist in the Modern World*, New York, Vintage, 2007.

JUNG, Carl Gustav. *Le livre rouge*, Paris, L'iconoclaste, 2011.

JUNG, Carl Gustav, KERÉNYI, Charles, et Paul RADIN. *Le fripon divin - Un mythe indien*, Genève, Georg éditeur, 1993.

JUNG, Carl Gustav, et Charles KERÉNYI. *Introduction à l'essence de la mythologie. L'enfant divin, la jeune fille divine*, Paris, Payot, 2001.

KENT, Jack. *Les dragons ça n'existe pas*, Namur, Mijade, 2006.

KERR, John. *A Most Dangerous Method: The Story of Jung, Freud, and Sabina Spielrein*, New York, Vintage, 1994.

LOPEZ-PEDRAZA, Rafaël. *Hermès et ses enfants dans la psychothérapie*, Paris, Imago, 1992.

PEAT, David. *A flickering reality: cinema and the nature of psyche*, Pari, Italie, Pari Publishing, 2011.

SCHULZ, Katryn. *Being Wrong: Adventures in the Margin of Error*, New York, Ecco 2010.

TANNEN, Rickie Stefanie. *The Female Trickster: The Mask That Reveals, Post-Jungian and Postmodern Psychological Perspectives on Women in Contemporary Culture*, London, Routledge, 2007.

WADDEL, Terrie. *Wild/lives: Trickster, Place and Liminality on Screen*, London, Routledge, 2009.

WHYTE, David. *The Three Marriages: Reimagining Work, Self and Relationship*, New York, Riverhead Trade, 2010.

WHYTE, David. *Crossing the Unknown Sea: Work as a Pilgrimage of Identity*, Riverhead Trade, New York, 2002.

Remerciements

J e remercie d'abord sincèrement Erwan Leseul, mon éditeur, qui a eu confiance en mon projet dès le départ et a accepté de danser à travers un certain chaos avec moi, alors que les versions de mon livre défilaient – souvent erratiquement – et qu'il vivait des changements importants. Il est de ceux qui m'ont enseigné l'art d'inattendre. Je remercie aussi les Éditions de l'Homme, qui m'aident à apprivoiser ce dragon que représente l'écriture depuis plus de 10 ans maintenant. Je remercie aussi ma réviseure, Brigitte Lépine, qui a accepté de réviser le texte alors que je ne comprenais pas toujours moi-même ce que j'écrivais.

Merci aussi à toutes les rencontres inattendues dans les médias sociaux, tout au long du processus de création. J'ai écrit ce livre un peu comme un musicien de jazz, en improvisant des idées sur mon mur Facebook, puis en les observant évoluer au fil des jours.

Merci à Martine Noreau, qui a su «dénouer» les premières versions du texte, alors que les «on» et les «nous» étaient légion – «on» exclut toujours la personne qui parle…

Merci à Kim Francoeur, qui a dépassé mes attentes en m'indiquant les failles du texte et les sections à retirer. Elle a facilité le processus de deuil de certaines idées, nécessaire à tout processus de création.

Merci à Pierre Ringuette, qui, comme toujours, a su faire ressortir les idées essentielles du texte et me pousser à plonger courageusement en son cœur.

Merci à Robert Bérubé, mon agent de voyages, qui m'a ouvert les portes du Tibet et a facilité mon voyage d'écriture.

Merci à Suzanne Davidson, qui m'a inspiré des réflexions essentielles sur le difficile archétype du trickster; celui-ci m'en a d'ailleurs fait voir de toutes les couleurs durant l'écriture de ce livre.

Merci à Gaena da Sylva, qui a su capter le *kairos* dans ses photos. Je ne savais pas ce que j'attendais de son travail, mais ce qu'elle m'a présenté m'a permis de voir en images justement ce que j'attendais sans le savoir. Merci à mon ami Réjean Labbé, qui m'a proposé une partie de hockey en ligne un soir de découragement, alors que l'écriture n'allait nulle part. Cette partie a donné un souffle inattendu au livre, qui agonisait à ce moment-là.

Merci à ma fille, Florence, à qui je dédie ce livre, mon professeur de poésie et d'inattendu depuis son arrivée au monde. Et finalement, un merci tout particulier à ma conjointe, qui m'accompagne dans cette vaste exploration depuis maintenant près de 10 ans, qui m'a appris à danser avec mon chaos et qui accepte aussi courageusement de danser avec le chaos de son trickster, qui est très souvent moi-même.

Table des matières

Groupes de lecture
et de conversation

« La joie est notre évasion hors du temps »,
nous rappelle Simone Weil.

Venez joindre Jean-François Vézina sur Facebook pour discuter des livres ou pour converser à l'adresse : http://www.facebook.com/JFVexplorateur.
   Le blogue du livre : http://jfvezina.wordpress.com/
   Organisez un groupe de conversation dans votre ville autour de tous les livres de l'auteur en le contactant à l'adresse suivante :

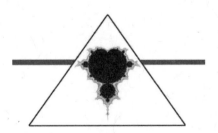

Jean-François Vézina
975, av. de Salaberry
Québec, Canada
G1R 2V4
jf@jfvezina.net
www.jfvezina.net

Du même auteur

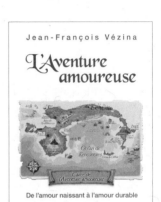

Suivez-nous sur le Web

Consultez nos sites Internet et inscrivez-vous à l'infolettre pour rester informé en tout temps de nos publications et de nos concours en ligne. Et croisez aussi vos auteurs préférés et notre équipe sur nos blogues!

EDITIONS-HOMME.COM
EDITIONS-JOUR.COM
EDITIONS-PETITHOMME.COM
EDITIONS-LAGRIFFE.COM

Marquis imprimeur inc.

Québec, Canada
2012

Achevé d'imprimer au Canada
sur papier Enviro 100% recyclé